JN023644

BRAND STRATEGY
PYRAMID

COMMUNICATION

MARKETING

STRATEGIC
MANAGEMENT

新版

社員を
ホンキにさせる
ブランド構築法

一般財団法人 ブランド・マネージャー認定協会

同文舘出版

Prologue　　はじめに

　「ブランディング」という言葉は、最近では中小企業でもよく使われるようになりました。

　私がブランド戦略を企業の付加価値として非常に大事だと思いはじめたのは、1990年代の中頃のことです。当時、一般的には、ブランドは中小企業には手の届かないものと考えられていましたが、私はそんなことはないのではないかと感覚的に感じていました。

　ブランドに関するいろいろな本を読み、講座などにも参加してみましたが、そのほとんどが大企業のブランド・マネージャーによる成功事例の講義でした。なるほどと思う反面、はたしてそれを自分にどう応用していいかがわからなかったのです。後になって気づいたことですが、それはたぶん体系化されていなかったことが要因だったのでしょう。まして、再現性があるものかどうかも疑わしく思っていました。

　それから10年間、ブランディングの方法論を模索した結果、ブランド構築を伝える組織を自分の手で立ち上げてみようと思い立ちました。ブランド・マネージャーを養成する専門機関を立ち上げようと考えたのです。

　養成機関の設立に先立ち、そもそもブランディングに対して、中小企業のニーズはあるのかどうかを探るため、ブランドに関わるセミナーを毎月のように行いました。結果、私が予想した以上に受講を希望する人は多く、ブランディングの必要性を日に日に実感するようになりました。

　そこで、標準化したフレームワークを作るべく、当時中央大学大学院戦略経営研究科田中洋教授をはじめ、研究者、実務家の協力を仰ぎながら、2008年初頭にカリキュラムを作成し、同時に、ブランド・マネージャーとそのトレーナーの育成システムを作り上げたのです。その組織が後の一般財団法人ブランド・マネージャー認定協会となります。

　ブランドの種類というのは、プロダクト（商品）、事業、企業、地域、組織、店舗、パーソナル（人）などいくつもありますが、自分たちでブランドを築くフレームワークさえあれば、会社の規模に関係なく、どんな業種にもブランディングは可能です。

　これまで、ブランディングはコンサルタントや広告代理店などが外部で築いたものを導入することが多かったのですが、中小企業を中心に、自社内で自社のスタッフと一緒になって築くケースが増えてきています。結果として、それがうまくいっている会社は社員がいきいきと働いていますし、社員自身が経営に参画しているという意識が高くなっているようです。これは強い組織を築く上で大きな意味があると断言できます。

　私たちは、ブランディングをチームで行い、企業全体に浸透させていくことを「チームブランディング」と呼んでいます。チームブランディングでは、スタッフに答えを与えるのではなく、グループワークを通して自分たちの頭で考え、意見を交換することで、「自社の価値観」や「他者（顧客・スタッフ）の価値観」を深く

理解し、「自らの価値観」との共通点を発見することを主眼としています。それが「自分ごと」として、主体的にブランド・アイデンティティに即した行動ができる人材の育成、チームの育成につながるのです。

　そうした多くの人が関与するチームブランディングとはどういうもので、どうすれば構築でき、どんな成果を得られるのかを、実際の事例を交えながら解説した書籍「社員をホンキにさせるブランド構築法」を2015年に出版しました。おかげさまで、さまざまな業種、職種の方々にお読みいただき、ブランド・マネージャー認定協会の講座にも多くの方が受講されました。

　この後、チームブランディングの実践者がさらに増えましたので、実践者の協力のもと、後半の事例部分を全面改訂し、改訂新版として生まれ変わったのが本書となります。また、前回掲載した事例の一部に関しては、「チームブランディング実践後は、何が起きたか？」と題し、その後に起きたコロナ禍をはじめとするさまざまな障害をどのように乗り越えてきたのかという最新情報も掲載していますので、併せてご覧ください。

　本書が中小企業の価値を高める活動のお役に立ち、日本が元気になることを心より願っています。

2022年6月

一般財団法人ブランド・マネージャー認定協会

代表理事　岩本　俊幸

※チームブランディングは、一般財団法人ブランド・マネージャー認定協会の登録商標です。(登録第5469509号)

［T｜e｜s｜t｜i｜m｜o｜n｜i｜a｜l］ 推薦文

　ブランド論は過去には、ともすると大企業のみが行う活動と捉えられていました。しかし、21世紀に入り、デジタルマーケティングへの動きが加速化するとともに、ブランド論は中小企業によっても、より真剣に捉えられるようになりました。特にブランドを重要視しているのは、デジタルテクノロジーをベースとしたスタートアップ企業群です。起業家である彼らは顧客やベンチャー投資家からより多くの注意や関心を引き出し、さらに企業としての形をいち早く実現するためにブランド戦略に熱心に取り組んでいます。

　私たちは、あらゆる企業は中小企業から出発していることをあらためて考えないわけにはいきません。ソニーやトヨタにしても最初から大企業であったわけではなく、東京通信工業や豊田自動織機という中小企業に過ぎなかったのです。その意味ではブランド論は本来、中小企業やスタートアップ企業のためにあると言っても過言ではありません。

　しかし、日本で実際にブランド論を経営に活用できている中小企業は、まだ少ないのが現状です。ブランディングという技術は、商品の価値を向上させるために役立つだけではありません。組織のカルチャー創造にも応用することができます。これまで、組織作りに応用できるブランディングの考え方がほとんどなかったこともあり、ブランドという考え方は中小企業に深くは浸透していませんでした。

ブランド・マネージャー認定協会の各講座の特筆すべき点は、グループワークやセッション、ワークショップ等の手法を用いて、ブランド論の考え方を企業カルチャー育成のための、職場で実践できるメソッドとして成立させてきたことです。本書のさまざまな事例にあるように、メーカーやサービス業など、本協会のメソッドはさまざまな業種で成果を上げています。本協会の講座には、中小企業のブランドづくり、組織づくりを支援するための有用な講座としてさらに期待したいと考えます。

2022年6月
一般財団法人ブランド・マネージャー認定協会 特別顧問
京都大学博士（経済学） ／中央大学名誉教授
田中　洋

Ｃｏｎｔｅｎｔｓ　　　　目次

Contents 目次

Part
1

ブランドの目的と
定義を知る

企業にとって本当に
必要なことは何だろう？

　今後、企業が生き残っていくためには、他社から顧客を奪うという発想から抜け出し、「ブランド」という他社にない独自の価値を提供することで、顧客を創造していくことが求められるでしょう。

　いい商品やいいサービスを持っていても、それを消費者・顧客に認知してもらえない限り、市場の中に埋もれてしまいます。せっかくの強みを持ちながら、それを広く訴求するノウハウを持たない企業は少なくありません。

　そこで永続的に社会や消費者・顧客に認められる「ブランド」という価値が大切な要素の1つとなります。

　自社の価値を訴求していくにはまず、組織で働く人自身が会社や商品・サービスの価値、他社との差異に気づき、「ブランド」を認識することが重要です。さらには、その「ブランド」の価値を創造し続ける企業体質を作ることで、対外的にも訴求することができるのです。

特 効 薬

経営の悩みをお持ちの企業 様

お薬： **チームブランディング錠**

用 法

1日　　　回　　　　　日分

塗り薬　貼り薬　湿布薬　消毒薬

うがい薬　座薬　ブランディング薬

処方年月日：令和　　年　　月　　日

しかし、企業経営にはさまざまな悩みが付き物です。「社員が自発的に動いてくれない」「社員が指示待ちになっている」「社員同士の信頼関係や絆が薄い」「組織のコミュニケーション不全」「業績が安定していない」「市場の価格競争に巻き込まれている」「大手競合が近くに進出してきた」「売れる仕組みができていない」このように、悩みの多くが、内部に起因していると感じている方も多いのではないでしょうか。

それぞれの問題解決の方法はそれぞれにあるはずですが、実はそうした経営の悩みに対する特効薬の1つが「チームブランディング」なのです。

ブランドを生み出す行為、つまりブランディングとは、価格競争に陥らないための「価値による他社との差異化」です。このブランディングを組織で行うことがチームブランディングであり、自分達の強みや価値をチーム全体で理解し、共有できるため、組織が一体となる土壌が出来上がり、社員がイキイキと働く組織づくりもできるのです。

人 　　　　　資産

　社員の気持ちが特に高まるのは、企業が商品・サービスによって提案したいブランド独自の価値である「ブランド・アイデンティティ」を導き出す過程です。アイデンティティという、いわば企業の存在価値を築いていく過程とは、社員にとって自分たちのあるべき姿を模索するプロセスでもあります。

　このような、組織のチームワークを醸成するプロセスを踏むことにより、組織の絆を強くし、社員のやる気を生み出し、ホンキにさせることもできるでしょう。

　ブランディングはプロセス1つひとつに意味がありますから、それを楽しむことが重要です。それと同時に、ブランディングは一朝一夕でできるものではありませんから、忍耐も必要です。**チームブランディングとは、社員の自発性を引き出し、自分たちのあるべき姿を共有し、それに向かって社員が自ら考え行動する企業風土、企業文化を創り上げること**でもあるのです。

　チームブランディングによって、「ブランド」という価値を創造し続ける企業体質を作っていきましょう。

Team Branding

ブランドの重要性

　前述の通り、企業経営にはさまざまな課題が生まれ、結果として組織力が低下します。このような状態は、多くの企業で見られるものですが、ブランドによって、課題を解決することができます。

　では、ブランドで組織の課題をどう解決すればいいのでしょうか。

　まずは、組織の方向性、つまり目指していることは何かを示し、全社で共有化することです。これにより、社員全体がぶれることなく、同じ方向に向かって取り組むことができます。

　次に、ブランド価値を高めることです。自社商品の本来の強みは何なのかを見出し、前面に出すことで、社員に、自社および自社商品に対する誇りが生まれ、所属意識・仕事意欲を高めることができます。

　そしてもう1点、チームブランディングによって、メンバー同士の結束力を高めることです。これにより、社員同士にコミュニケーションが生まれ、社員間の関係性が向上し、業務がスムーズに流れていきます。

　これらを実行することで、「顔の見える組織」になり、社内および社外に対し、何を考えている企業なのかが明確になります。

ブランドで、組織の課題をどう解決するか

① 組織の方向性を示し、共有化する

② ブランドの価値を高め、所属意識・仕事意欲を高める

③ メンバー同士の結束力を高める

▼

「顔の見える」組織にする

＝

企業内外に対して
何を考えているかがわかる

　企業経営の中で、組織とは必要不可欠なものです。経営者は、その組織を使って、効率的・効果的に生産・販売していく経営を実践しています。その方法として、従来は、「経営理念（経営者が考える組織の存在意義）」「ミッション（使命）」「ビジョン（目指す将来像）」を前面に出していました。しかし、多くの企業で、さまざまな課題が生まれています。

　具体的には、「経営理念は、社員が関心を持ってくれない」「ミッションは、業界を変えるほどのインパクトのある企業でなければ難しい」「ビジョンは、成長した数値目標は出せるが、具体的な将来像となると、イメージしづらい」といったものです。

　そこで、これらに代わり、顧客にどう思われたいかという「ブランド・アイデンティティ」を活用することができます。つまり、このブランド・アイデンティティをベースに組織づくりを行うことで、「組織の方向性を示す」「ブランドの価値を高めて社員の所属意識を高める」「メンバー同士の結束力を高める」ことが実現でき、組織の課題を解決することができるのです。

　ブランド・アイデンティティについては44ページで説明します。

経営理念	経営者が考える 組織の存在意義
ミッション	使命
ビジョン	目指す将来像

ブランド・アイデンティティ

自社のブランドを顧客に
どのようにとらえてほしいのか
（顧客にどう見られたいか）

ブランド構築の
目的とは何だろう？

　ブランドは資産であり、経営戦略から一貫して派生するものです。

　隣のページの図表（ブランド戦略のピラミッド図）にあるように、ブランド戦略とは経営戦略、マーケティング戦略、コミュニケーション戦略を統合して行うものであり、経営目的を達成するための全社的な取り組みです。

　経営戦略に基づいて、「何を、どこで、誰に、いつ、どう売るか」といった、売れる仕組みを作るためのマーケティング戦略が必要になります。

　ピラミッドの最上位にあるコミュニケーション戦略は、マーケティング戦略と一体であり、特にブランド価値を高めることに力点をおいて、マーケティング施策を計画、実行、検証していくものです。

　つまり、ブランド戦略とは単体のものではなく、**経営戦略から一貫して派生する**、全社的な取り組みであることを忘れてはなりません。ブランディングは経営戦略からブレてはならないのです。

　では、そもそもなぜ、ブランド構築が必要なのでしょうか？

ブランド戦略のピラミッド図

コミュニケーション
戦略

マーケティング
戦略

経営戦略

経営理念・ミッション・ビジョン

出典：一般財団法人ブランド・マネージャー認定協会テキスト

　この問いに対してさまざまな切り口があるかもしれませんが、本書では次のように定義しています。

「価格競争に巻き込まれずに、少しでも高く、少しでも多く、あなたの商品やサービスをお客様に買ってもらうことで、企業の利益を増やし、長期的に経営を安定させていくため」

　ブランド構築とは、長期的な経営安定の根幹となるプロセスです。とりわけ、「長期的」というのがとても重要なキーワードとなります。当たり前の話ですが、会社、事業、お店は、うまくいっているときと、うまくいかなくなるときがあります。経営者、マネージャー、店長は、うまくいっているときはそのまま施策を継続するので問題ないのですが、うまくいかなくなると、いろいろと変えてみたくなってしまい、そこで問題が生じることが多く見られるのです。

　では、変えてはいけないこととはいったいどのようなことでしょうか。

　それは、**消費者・顧客に届けているメッセージの中で「約束していること」です。これを「ブランド・プロミス」と言います**。これが変えてはいけないことです。

　もし変えるのであれば、他のブランドを新たに立てる必要があるでしょう。この「ブランド・プロミス」を変えて既存のブランドをそのまま使うということは、今までの消費者・顧客を無視した行為につながります。

伝統芸能

呉服店

老舗旅館

酒蔵

　中小企業でも、これに当てはまる過ちを犯した例はたくさんあります。この後、過ちを犯した3つの例を挙げてみましょう。

　ここで紹介するのは、中小企業がブランド・プロミスを変えてしまった3つの例です。

● スローフードを「約束」していたイタリアンレストランが、商圏にファミリーレストランが増えたため、価格帯を下げ、同じブランドのまま顧客回転数を上げる戦略を選択する。

● 耐震専門のリフォーム会社が、「これからの流行は『LOHAS（ロハス）』だ」と考え、同じブランドで耐震とは関係ない自然素材のロハス・リフォームを打ち出す。

● 脱毛専門のエステサロンが、競合が激しくなってきたので、同じブランドのまま癒し系のスパエステに変更する。

　このように、店舗を持ち、何らかのサービスを提供していること自体がすでにマーケティング活動となるのですから、不用意に今までの顧客に届けている**メッセージを変更することは、「ブランド・プロミス」を破る危険性をはらんでいる**のです。それは最終的に顧客離れにつながりかねません。

　さて、このようにとても重要であり、かつ繊細な要素を含むブランドですが、そのブランドの役割とはいったい何なのでしょうか。

ブランドの役割について
考えよう

　ここでブランドの役割について考えてみましょう。ブランドの役割とは、しいて言えば、「購買の意思決定に必要な補完情報」です。意思決定に必要な補完情報があれば、消費者・顧客は購買行動で「リスク回避」と「探索コストの低減」というメリットを受けることができるのです。

　例えば、店舗の場合で考えてみます。消費者・顧客があなたのお店に初めて行く場合、あなたのお店のことを一部だけ知っているか、もしくはすべてを知らない状態です。そこで、「行こう」という意思決定ができるまで、あなたのお店の情報を集めようとするはずです。すなわち、**消費者・顧客があなたのお店に行くためには、行動を起こす意思決定のための情報が必要となるのです。**

　美容室の例で言うと、少しでも来店する見込みのある消費者・顧客がチラシなどを見たとき、「このお店は私に合うヘアスタイルにしてくれるのかしら?」「スタッフの対応はどうなのかしら?」「すてきなお店だったらいいのに…」と考え、さらに情報を集めるためにホームページを見たり、店の前を通り過ぎるふりで確認したりして、「行こう」という意思決定に至ります。

・リスク回避
・探索コストの低減
・自己イメージ
　の投影

会社（店側）が持っている情報

消費者・顧客が購買（来店）の意思決定を
するために必要な情報

ブランド構築による
情報の補完

消費者・顧客が実際に
持っている情報

　美容室に関するさまざまな情報を集めても、友人や知人に紹介されなければ、その人は行かないかもしれません。**消費者・顧客は「リスク回避」を意識的・無意識的に考えて、意思決定に至る**のです。このリスクには、右ページの図のような種類があります。

　いずれにしても、「このお店に行ってみよう!」と消費者・顧客が意思決定をするには、「リスク回避」をするために事前に情報を得なければなりません。

　また、シャンプーや飲料などの日用品や低価格商品の場合、カテゴリー内で商品の種類が多く、購買の意思決定のための選択肢が複雑となるので、よほどこだわりのある人でなければ、面倒に感じて、いちいちその情報を調べようとはしないでしょう。

　つまり、消費者・顧客は、購買の意思決定に関わる情報の補完があれば、「探索コストの低減」を図ることができるのです。だから、大手メーカーは大量にテレビCMなどを投入し、ブランドについて知ってもらい、どれが望む商品であるかという意思決定をしやすくしているわけです。

機能的リスク	購入した商品が、購入者が期待した機能をはたさないのではないだろうか？
身体的リスク	購入した商品が、使用者や周囲の人々の健康や身体に危害を加えるのではないだろうか？
金銭的リスク	購入した商品の提供する価値が、支払った価格に見合わないのではないだろうか？
社会的リスク	購入した商品が、社会的な迷惑をもたらすのではないだろうか？
心理的リスク	購入した商品が、使用者の精神・心理に悪影響を及ぼすのではないだろうか？
時間的リスク	選択の失敗などにより、他商品を探索するという機会費用が発生するのではないだろうか？

出典：ケビン・レーン・ケラー「戦略的ブランド・マネジメント」

　なお、ブランドによる信頼関係が成立するには、ブランドが約束・保証している**ブランド・プロミスが、品質において達成されていることが暗黙の前提**となります。

　飲食店、美容室、マッサージ業などのように、一度入店したらよほどのことがない限り、サービスを受け終わるまで滞在せざるを得ないような業種の場合、消費者にとっては、「リスク回避」のための情報をより慎重に調べる可能性が高いと言えます。

　こうした業種の場合は、情報量というよりは、技術やサービスなどの「機能的価値」の質、価格、そしてさまざまな「情緒的価値」など、情報の中身が重要となるのです。情緒的価値は、例えば、スタッフの対応や店の雰囲気など、比較的言語化しやすい情報や、「何となく楽しそう」「いい気分になりそう」「何か私のことをわかってくれそう」などの、言葉になりにくい嗜好性や体感性、自己同一性があります。さらに、「リッチな気分が味わえそう」「非日常的な雰囲気が味わえそう」など、その店が持っているステータス性や世界観が影響することも充分にあり得ます。

　もちろん、一度でも来店した場合は、この来店に至る意思決定のための情報がほぼ埋まりますから、あとは商品やサービス、対応などの質に判断基準が移っていきます。

ブランドを定義すると？

　ここまで、ブランドの役割について触れてきました。では、そもそも「ブランド」とは何か、という本質的な問いについて解説していきましょう。

　「ブランドの定義」は識者によってさまざまですが、本書では、一般財団法人ブランド・マネージャー認定協会（以下BM協会）が掲げている以下の「ブランドの定義」を基にしています。

ある特定の商品やサービスが消費者・顧客によって識別されているとき、その商品やサービスを「ブランド」と呼ぶ

消費者・顧客から見た「ブランド」の定義

　つまり有名、無名、品質の高い、低い、にかかわらず、消費者・顧客が特定の商品やサービスとして識別できることが、「ブランド」であるか否かの最低要件になります。

　さらに、ある消費者・顧客が何らかの購買ニーズを抱いたときに、真っ先に思い起こされる商品・サービスは、その消費者・顧客に対して確実に「ブランドを確立している」と言えるでしょう。

どうぞ
よろしくお願いします

消費者・顧客   企業

　購買ニーズが発生したときに、特定の商品やサービスを思い起こさせ、購買決定に影響を及ぼす力を持つものが「ブランド」です。そして、消費者・顧客の購買行動に影響を及ぼすことを意図してブランド構築を行うことを「**ブランディング**」と言います。

　企業が市場に出した商品を、消費者がまだ情報として受け取っていない状態を「ブランドゼロ」と言い、消費者がそれを知ったとき（識別できたとき）に初めてブランドが認知され、ブランドはプラスかマイナスになります。プラスはよいイメージ、マイナスは悪いイメージです。

　ブランディングでは、ブランドが知られていない**ブランドゼロの状態から、いかに早くプラスのイメージに持っていくか**、もしくはポジティブなイメージをさらにプラスの状態に持っていくかが求められています。

　例えば、自社の商品・サービスを上質・安全なものと思われたいという意図があれば、そのイメージをテレビCMや広告、インターネット、店構え、商品パッケージなどで情報発信します。それが消費者の受け取るブランド・イメージとずれたものだと、ブランド・アイデンティティがバラバラになり、一貫性を持たなくなります。

　ブランド・イメージに関する情報は、常に一貫して発信されなければならないのです。

ブランドゼロの状態

ブランドマイナスの状態

さらにプラスの
イメージへ

プラスのイメージへ

ブランドを想起するプロセスって？〜再認と再生〜

　ブランドには、いくつか種類があります。いわゆる、「商品」や「サービス」だけではないのです。

　ブランドというと高額商品を連想するかもしれませんが、ブランドには、ストアブランド、コーポレートブランド、ナショナルブランド、プライベートブランド、事業ブランド、パーソナルブランド、地域ブランドなどさまざまなものがあります。

　ここでは、わかりやすく、店自体のブランドであるストアブランドを中心に、「ブランドとは何か」そして「どんなもので、何でできるのか」を解説していきましょう。まずは、ブランドとは何かについてです。

　店舗そのものはもとより、店側が発信するさまざまなコミュニケーション活動など、**あらゆる機会を経て消費者の心の中に立ち上がるものが、その店独自のブランド・イメージ**となります。

　では、消費者・顧客はブランドをどのように認知し、記憶し、想起するのでしょうか。

ブランドの種類

ストアブランド	小売業者が独自に作ったブランド。 ※「プライベートブランド」と同義で使用される 　場合が多い
コーポレート ブランド	商品ではなく、企業そのものに対するブランド。 (例)ソニー、トヨタ、任天堂
ナショナル ブランド	メーカーが商品に付けたブランド。 プライベートブランドの対。 (例)カップヌードル、ポテトチップス
プライベート ブランド	流通業者が独自に付けたブランド。 ナショナルブランドの対。 (例)イオンのトップバリュ、 　　セブン&アイのセブンプレミアム
事業ブランド	企業内の事業単位で付けられ、商品・サービスにも 展開しているブランド。 (例)植物物語、レクサス
パーソナル ブランド	個人のPRを行うためのブランド。 (例)専門家の個人名
地域ブランド	経済的に認識される地域イメージの総称。 (例)銀座、軽井沢、大間マグロ、富士宮焼きそば

ブランドを想起するプロセスは、次のように2通りあります。

● **ブランド再認：ブランド要素に接した際に、特定のブランドを認識すること**
● **ブランド再生：あるカテゴリー（ジャンル）を言われたときに特定のブランド名を思い起こすこと。また、消費者・顧客にニーズが発生した際、特定のブランド名を直接、思い起こすこと**

※ブランド要素・・・他の商品・サービスと区別する手段。ネーミング・ロゴ・キャッチコピーなどがある。

どちらのプロセスを経るにしても、その前提として消費者・顧客がブランドに対する知識を持っていることが必須となります。

右ページの図を見ながら、あるイタリアンレストランをA店とした場合を例に考えてみましょう。

駅前のポスターや家のポストに投函されるチラシ、店の看板などに表示されているA店の店名、ロゴなどのブランド要素に、消費者・顧客が触れることによって、A店のことを思い出すことを「ブランド再認」と言います。

一方、家族で食事に行くなどのニーズが生じたときや、友人に「どこかすてきなイタリアンレストランある？」と聞かれたときに、A店のことを思い出すことを「ブランド再生」と言います。

ブランド再認

あ、知ってる！

あの店
おいしいよね！

レストランA店

Restaurant

ブランド再生

イタリアンが食べたいなぁ

そうねぇ

レストランA店

Restaurant

　前述のように、ある消費者・顧客が何らかの購買ニーズを抱いたときに、真っ先に想起される店は、その消費者・顧客に対して「ブランドを確立している」と言えます。

　「ブランドを確立する」とは、消費者・顧客の購買行動に影響を及ぼすことを意図してブランド構築することです。

　ブランド再認を起こすには、消費者に対して、商品やサービスとの接点を増やし、接触頻度を高める活動が必要になります。一方で、ブランド再生を起こすには、消費者・顧客が、商品やサービスに関する理解を深めるアプローチが必要となります。

　つまり、右ページの図のように、ブランド再認には、再認量を増やすことが大切であり、ブランド再生は、再生率を高めることが大切になります。また、ブランド再認をしなければ、ブランド再生は起こりません。

　このように、販促活動を行うときは、ただ闇雲に露出を増やすのではなく、状況を見て、ブランド再認とブランド再生のいずれが必要なのか、つまり、量を増やす活動、率を高める活動、いずれの対策が必要なのかを検討することが重要になります。

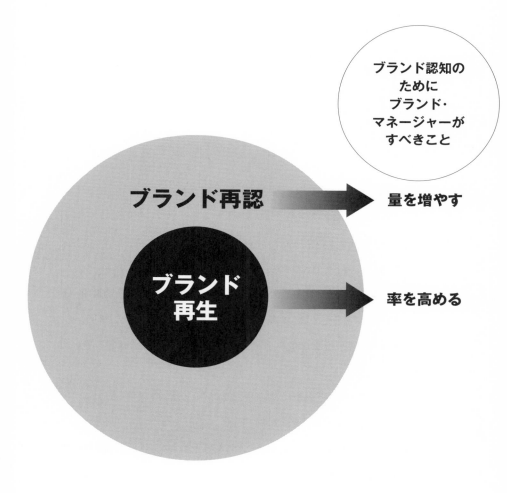

ブランド認知の
ために
ブランド・
マネージャーが
すべきこと

ブランド再認　　　　　量を増やす

ブランド
再生　　　　　　　　　率を高める

ブランド・アイデンティティ とは何だろう？

　企業側から見た「ブランド」と、消費者・顧客側から見た「ブランド」は意味や機能が異なります。同じブランドであっても、企業側が意図したブランド・イメージと消費者・顧客側から見たブランド・イメージがずれてしまっていては、ブランド構築ができているとは言えません。

　ブランド・マネージメントで最も大切なことは、**「自社のブランドを消費者・顧客にどのようにとらえてほしいのか」**という**「ブランド・アイデンティティ」**を明確にして、これを意図的に、一貫性を持って、継続的に発信していくことです。

　ブランドは競合他社と識別し、差異化するために使用されます。この「識別」と「差異化」の違いはとても重要です。

　「識別」は単に区別ができるということですが、「差異化」は**「競合他社と明らかに違う優位性・唯一性」**が存在するということであり、この違いが消費者・顧客の購買決定を左右する力を持つのです。

　企業側にとっては「識別」だけではなく、「差異化」が可能になって初めてブランドとしての意味を持ち、差異化に失敗した場合は価格競争に巻き込まれる危険性が高まるのです。

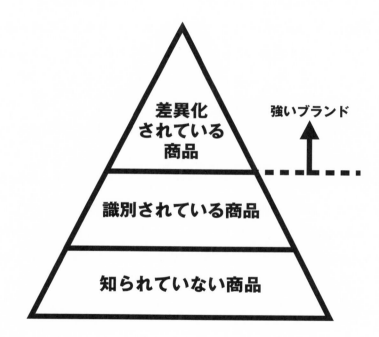

　ブランドとは、キャッチコピーやロゴマーク、あるいはブランド名そのものでな**く、その商品が提供する価値、さまざまなブランドを構成する要素（ブランド要素）や、ブランドとのコンタクト体験（ブランド体験）とが複合的に結びついて、消費者・顧客の心の中で作り上げられる「心象」**です。この心象のことを「ブランド・イメージ」と言います。

　そしてブランディングとは、消費者・顧客が心の中にいだく心象（ブランド・イメージ）と、企業が商品・サービスによって提案したいブランド独自の価値（ブランド・アイデンティティ）を近づけ、一致させる活動です。

　ブランド要素の主な機能は「他の商品と区別する手段」であり、名称、ロゴ、キャッチコピーなどさまざまな要素があります。

　また、これらの主要なブランド要素以外にも、消費者・顧客が体験するブランド体験（ブランドとのコンタクト体験の集積）も、ブランド・マネージメントを考える上で欠かせません。

消費者・顧客

企業

こう思う

ブランド・イメージ
（心象）

ブランディング

こう思われたい！

ブランド・アイデンティティ

ブランド体験
ブランド要素

反応

刺激

マーケティングの定義と目的を知ろう

では、実際にどのようにブランド構築をしていったらよいのでしょうか。

ブランド戦略は、マーケティング戦略に基づいて行う必要があります。マーケティング戦略とは、企業と消費者・顧客の関係性を強くするものです。

マーケティングの目的とは、わかりやすく言えば、リピート顧客を創造することです。つまり、マーケティングとは、単に広告や市場調査、販売促進のことではなく、継続して売れる仕組みを作る活動なのです。すなわち、消費者・顧客のニーズやウォンツをつかみ、満足度を高め、再購買を促す仕組みを意図的に作ることだと理解してください。

マーケティングの権威であるフィリップ・コトラー教授による「マーケティングの定義」とは以下のものです。

「マーケティングとは、商品と価値を生み出して、他者と交換することによって、個人や団体が必要なものや欲しいものを手に入れるために利用する社会上・経営のプロセスである」

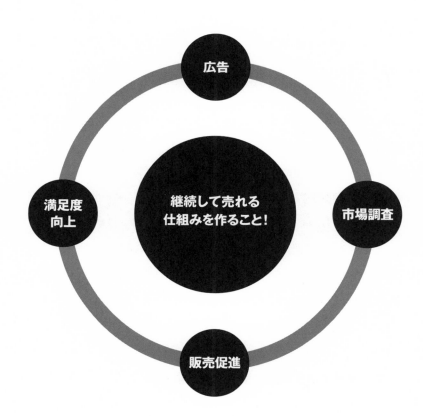

マーケティングについてさらにわかりやすく言うと、一般的に企業は商品やサービスを消費者・顧客に供給し、消費者・顧客はその対価を企業側に支払います。

これに対して、マーケティングの考え方は、消費者・顧客の悩みを解消する、あるいは消費者・顧客の欲求を満たす「価値」を、商品やサービスを通して提供するというものです。

悩みが解消されたり欲求が満たされた消費者・顧客は、満足、喜び、信頼、尊敬という「価値」をお金に替えて企業側に返します。ビジネス的には商品とお金の交換ということですが、マーケティング上は「価値」の交換となります。

ビジネス上は価格が決まっているので、それ以上にお金が支払われることはありませんが、支払ってもらう金額は同じでも、マーケティング上では、顧客の固定化、リピート、新規客の紹介といった価値が付加されるのです。

つまり、マーケティングの目的は、次のような数式で表わすことができます。

マーケティング＝顧客生涯価値×顧客数

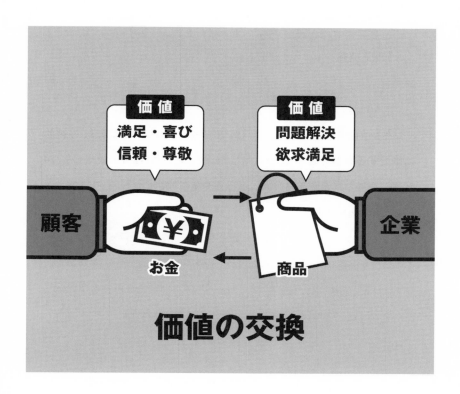

価値の交換

　顧客生涯価値とは、顧客が商品・サービス、あるいは企業そのものに対して関係がある期間に支払う金額の合計のことです。再購買の機会が増えたり、購買単価が上がったり、顧客である期間が延びることで、顧客生涯価値も向上していきます。

　ブランド戦略の目的も、他にはない価値を提供し続けることで、選択的に購買する顧客を増やし、固定化していくことであり、言い換えると、顧客生涯価値と顧客数を継続的に向上させることですから、その目的はほとんど変わらないのです。

　マーケティング活動には広告宣伝だけではなく、消費者・顧客と接するすべての活動が含まれます。企業にとっては、消費者・顧客は右ページの図のようなプロセスで成長していきます。マーケティングの対象となる消費者・顧客が、どの段階にいるのかによって、アプローチ方法は異なるのです。

消費者・顧客の階層

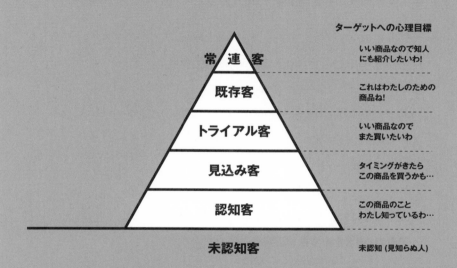

ターゲットへの心理目標

常　連　客
　いい商品なので知人
　にも紹介したいわ!

既存客
　これはわたしのための
　商品ね!

トライアル客
　いい商品なので
　また買いたいわ

見込み客
　タイミングがきたら
　この商品を買うかも…

認知客
　この商品のこと
　わたし知っているわ…

未認知客
　未認知 (見知らぬ人)

消費者・顧客との
関係構築について考えよう

　ブランド戦略、ブランド・マネージメントは、中長期的な視点で実行されなければなりません。そして、その対象とは、すべての消費者・顧客ではなく、Part3で述べる「STP（セグメンテーション・ターゲティング・ポジショニング）マーケティング」で明らかにするターゲットということになります。ターゲットとは、自社の提供する価値を最も求めている、評価してくれる消費者・顧客を指します。

　ブランド構築する上で必要なのは、以下です。

●**見込み客に対してブランドを認知する機会を増やすこと**

●**消費者・顧客との関係を段階的に強めていくこと**

　このプロセスは、継続的なコミュニケーションを行うことでしか達成されません。

男女の関係

ビジネスパートナーとの関係

ブランド構築は
継続的な
コミュニケーションでしか
達成できない

大人と子どもの関係

日本と外国の関係

ブランド構築のためのルールは次の6つです。

〈ブランド構築のルール〉

①ブランドの強さ（消費者・顧客との関係性の強さ）を追求する

生涯顧客化、ファン顧客化、顧客を育てる。

②ブランドの軸（ブランド・アイデンティティ）がブレないようにする

お客様にこう思われたいという想いを軸にする。

③商品の基本価値以外の価値を構築する

機能的価値だけでなく、情緒的価値の重要性を認識する。

④ブランド体験をトータルで考える

ブランド体験とは、ブランドに接触するすべての体験であるが、それだけで終わらせず、その次は何が求められているかを全体で考える。

⑤ブランド構築はマーケティングであると認識する

ブランディングとはマーケティング活動の一貫であり、経営戦略に基づくものである。

⑥長期スパンで考える

長期スパンで継続的なコミュニケーションを行っていく。

Part2では、チームブランディングとは何か、実施する際のポイントなどを解説していきます。

商品の
基本価値以外の
価値を構築する

ブランド体験を
トータルで考える

ブランドの軸が
ブレないように
する

ブランド構築
6つのルール

ブランド構築は
マーケティングで
あると認識する

ブランドの
強さを
追求する

長期スパンで
考える

ブランド構築6つのルール

Part 1 まとめ

マーケティングで継続して売れる仕組みを
作り、ブランディングで価格競争に巻き込ま
れずに企業の利益を増やし、中長期的に経
営を安定することを実現する。
そして、チームブランディングで、チームに
よるブランディングを実施し、それを企業
全体に浸透させることが大切である。

チームブランディングとは
何だろう？

チームブランディング
実施前に知っておくべきこと

　以前より日本企業では、「職場の連帯感」「社員の活性化」を図ることを目的に、企業競争力の源泉である「人」に対し、能力や可能性が最大限発揮できるよう、一連の組織活性化施策を実施してきました。例えば、社内報、社内研修などを通して、社員に対して働きかけることは、多くの企業で採用していました。

　最近では、このような社内コミュニケーションは、ブランド構築や、全社的な経営戦略の徹底、コーポレートガバナンス、ブランド・イメージ低下のリスクの未然防止などの観点から、インターナルブランディング、あるいはインナーブランディングと言われています。

　これらは、社内でブランドの価値観を共有化し、社員の意識や行動を、ブランドの方向性と合わせていこうという全社的な取り組みです。いわゆる一般的な消費者・顧客向けのブランディングを、インターナルブランディングに対して、エクスターナルブランディングと言いますが、このエクスターナルブランディングだけでは、品質問題の発生、消費者・顧客からの問い合わせの対応、店員の接客対応などによるブランド毀損を防止することはできません。

　それゆえ、企業のブランド構築を成功させるためには、外向けのブランド構築だけでなく、内向きのブランド構築であるインターナルブランディングと連動させるべきなのです。

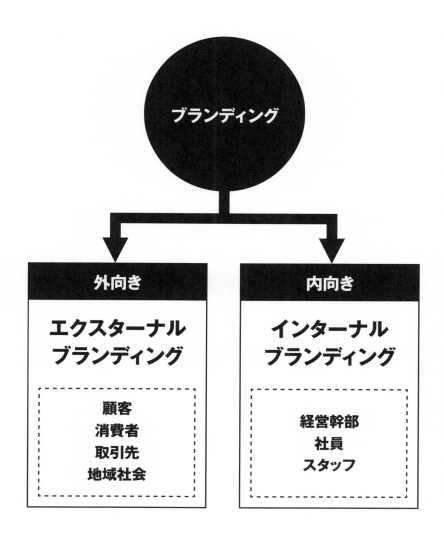

　そしてチームブランディングは、インターナルブランディング戦略の一環として行われる組織的な取り組みとしても位置づけることができます。特に大企業はもとより、中堅以上の会社は、このようなチームをたくさん持っていますので、それらのチームを統合や調整していくことも大切なことと言えます。

　ただし、中小企業や零細企業にとっては、組織の階層がそれほど大きくないため、数個のチームまたは、1つのチームであることもあり、よりシンプルなものとしてとらえることができます。

　また、商品、事業、店舗ごとにチームをとらえ、その各単位でブランディングのプロセス（Part3参照）をそのチーム全員で実施することによって、外向きと内向きのブランディングを完成させていくことも、チームブランディングの醍醐味と言えるでしょう。

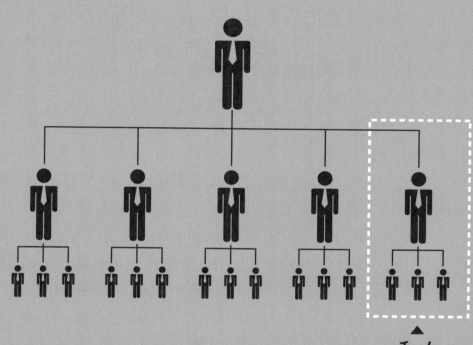

チーム
ブランディング

チームブランディングに関わる社員とは？

　チームブランディングを行うにあたって、事業規模、業種などによって、商品、事業、店舗ごとにチームをとらえるにしても、実際に、どのような人が関わり、どのような役割で参加するとよいのでしょうか？

　大企業、中堅以上の企業では、それぞれ役割を明確に分けることができますが、中小企業、ましてや零細企業の場合は、兼務することもあるかもしれません。右ページのような、3つの視点で考えるとよいでしょう。

　第1にブランド価値創出系に関わる社員は、商品開発、生産・製造などを担当する人です。ブランド価値を生み出す源である商品力を生み出す役割を果たします。

　第2に、ブランド価値伝達系に関わる社員は、広告、宣伝、マーケティング、営業などを担当する人です。生み出されたブランド価値を消費者・顧客、ビジネスパートナー、マスコミなど外部に迅速かつ的確に伝え、興味を喚起し、持続的な購買を促す役割を果たします。

　第3に、インフラ系に関わる社員は、人事部門や社員教育を担当する人です。全社員の仕事に対するブランドへの信頼、安心、活力を引き出し、ブランドのために働けるような企業の中核となる基盤としての役割を果たします。

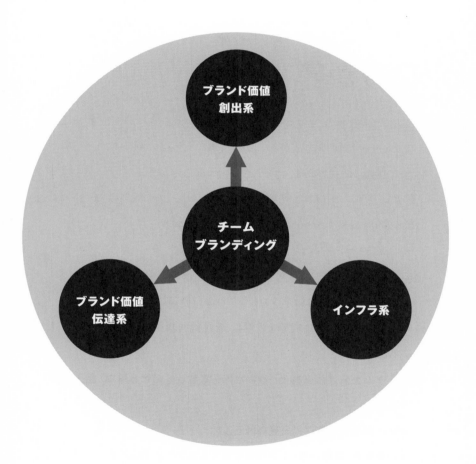

なぜ、今チームブランディングなのか?

どんな企業でも、会社によってそれぞれ固有の問題点があります。組織にはヒエラルキーや部門間の壁があり、営業や専門家集団はスタンドプレーになりやすく、責任の所在が曖昧になることも往々にしてあります。

しかし、そうしたさまざまな問題はあるにしても、そもそもの課題は、チームがどうすれば望む成果を出せるようになるかということです。

その課題を解決するのがチームブランディングです。チームブランディングはさまざまな目的の達成に応え得るスキームです。その目的とは次の通りです。

- **市況に左右されないブランドをチームで作ること**
- **チーム全員が経営戦略を理解し、目標に向かってともに歩んでいけること**
- **チーム全員が経営戦略、経営目標を意識して働ける環境、風土を作ること**
- **チーム全員で業務品質を高めること**
- **企業姿勢・存在価値・企業価値を見えるカタチにすること**
- **自社をこよなく信頼してくれるファンを作ること**

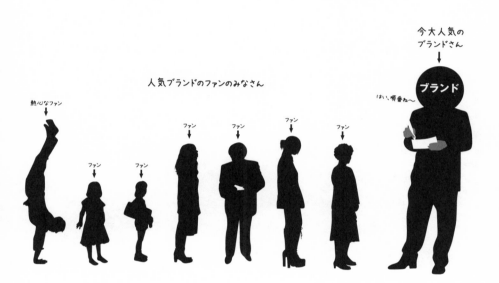

熱心なファン

ファン

ファン

人気ブランドのファンのみなさん

ファン

ファン

ファン

ファン

今大人気の
ブランドさん

ブランド

はい、順番ね〜

　こうしたいろいろな目的を実現に導くプロセスが、チームブランディングなのです。つまり、部門間の垣根を越えて連携し、優れた商品・サービスを生み出し、その結果として、価値ある商品・サービスをお客様に提供し、選ばれ続けること、これらをチーム一丸となって実践すること、これがチームブランディングの最大の目的なのです。

　チームブランディングとは、「ブランディング」×「チームビルディング」を組み合わせた造語です。価値を高める「ブランディング」と、強い「チームづくり」を同時に行うプロセスです。チームに答えを与えるのではなく、グループワークを通して、自分たちの頭で考え、意見を交換することによって、「自社の価値観」や「他者（お客様、スタッフ）の価値観」を深く理解し、共通点を発見することなのです。

　自社の経営戦略に基づくブランドを、事業に直接的、間接的に関わる人たちとともに築き上げることで、同時にチームワークも醸成することができるプロセスです。これをトップダウンの押し付けで行うのではなく、現場のチーム全員で行うことを最大の主眼としています。

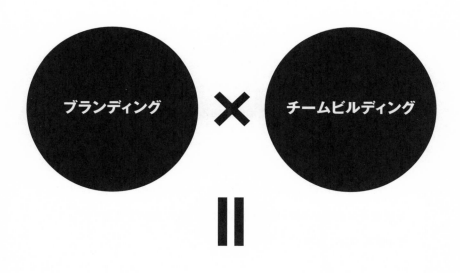

ブランディング × チームビルディング

=

チームブランディング

　ここで、チームビルディングとチームブランディングについて、明確に定義づけをしておきます。

　まずは、チームビルディングの定義は以下の通りです。

「ブランド構築・浸透とは別次元で行われる、組織の信頼関係の醸成と帰属意識の向上を目的とした活動である」

　続いて、チームブランディングの定義を示します。

「ブランド構築に係る活動を、プロジェクトメンバー各々が担うことで、信頼関係の醸成と経営目標の達成を目指す、小集団でのアイデンティティ構築手法である」

　チームビルディングとチームブランディングは、意味が似ているように思われますが、これらはブランド構築を行うかどうかが異なります。

　まず、インターナルブランディングは、ブランドを社内に浸透させるための活動です。一方で、チームビルディングは、ブランド構築に限らず、組織内の関係性向上や帰属意識向上を目指したものです。

　そしてチームブランディングは、ブランド構築とチームビルディング、インターナルブランディングの土台づくりであり、数あるブランド構築手法の1つと言えます。

エクスターナル ブランディング

消費者への魅せ方

インターナル ブランディング

ブランド
BRAND

社内意識の統一

ブランド
BRAND

チームブランディング

ブランド構築
+
チームビルディング
+
インターナルブランディングの土台づくり

小集団でのブランド構築

ブランド
構築への
近道

チームブランディング
実施のポイント

　チームブランディングを実施するときにまず決めなければならないことは、誰がファシリテーションをするのかということです。

　組織のリーダー（経営者）が自らやるのではなく、チームブランディングのプロジェクトを作り、そのプロジェクトリーダーがファシリテーターを務めます。そうでなければ、客観性を持たせるために外部ファシリテーターに依頼するのがよいでしょう。

　ファシリテーションのポイントは、①参加者を緊張させない、②退屈させない、③難しくしないことです。結果として、面白い、また参加したいと参加者に思わせることです。

　チームブランディングはミーティングを何度も繰り返します。では、よいミーティングのポイントは何かというと、目標や方向性が明確で、誰が何をいつまでにやるかなどを決めることです。できるだけ納得感があり、できるだけ短時間で終わることを前提にしなければなりません。

　どれくらいの期間で、何回にわたってプロセスごとの目標を導き出すか。そもそもミーティング自体の目標をまず決める必要があります。ファシリテーターやプロジェクトリーダーは、その計画を綿密に立て、準備を事前に作り込まなければなりません。

　まず、ミーティングの内容を決めます。次に進行スケジュールを決めます。

　ポイントは2つです。1つ目は、ファシリテーターは参加者に「答え」を与えないこと。「気づかせる」仕組みを用意しておくことが大事です。2つ目は、必ずテーマを伝え、話し合う内容とその目的を明確にしておくことです。

　ミーティングのプロセスは以下のように進行します。

　①何について話し合うのかというレクチャー

　②個人ワークで自分の考えをそれぞれ書く

　　思いついたことを反射的に、とにかくたくさん書かせること。要は思考を止めないで自分の考えをどんどん出してもらいます。そのためには、だらだらやるのではなく、きちっと短く時間を決めて書いてもらうようにします。

③3〜4人のグループワークで個々人の考えを発表する

④個々人の発表をグループでまとめる

⑤グループでまとめた内容を全体で発表する

　　グループごとに発表してもらい、各人の意見を全体で共有します。

⑥全体の意見をまとめる

　　多数決などにより結論を出します。

⑦宿題

　　決まったことを行動に起こしたり、考えたりすることを参加者に意識させる
　　ために、次回までの宿題を出します。

　　このプロセスで重要なことは、相互理解し、お互いを尊敬し合える関係を
作っていくことです。このプロセスにおける経営者の関与ですが、経営者はファ
シリテーターに権限委譲しなければなりません。だからといって、口出ししなくて
いいということではなく、ちゃんとそれを見守っていることが重要です。関与はす
るけれども権限は委譲する立場でいることが非常に大事なポイントです。

　　では、いよいよチームブランディングのステップを次章（Part3）で具体的に
見ていきましょう。

市況に左右されない、ゆるぎないブランド
をチームで作っていくことがチームブラン
ディング。
自社の経営戦略に基づくブランドを、事業
に直接的・間接的に関わる人たちと築いて
いくプロセスを経て、同時にチームワーク
も醸成することができる。

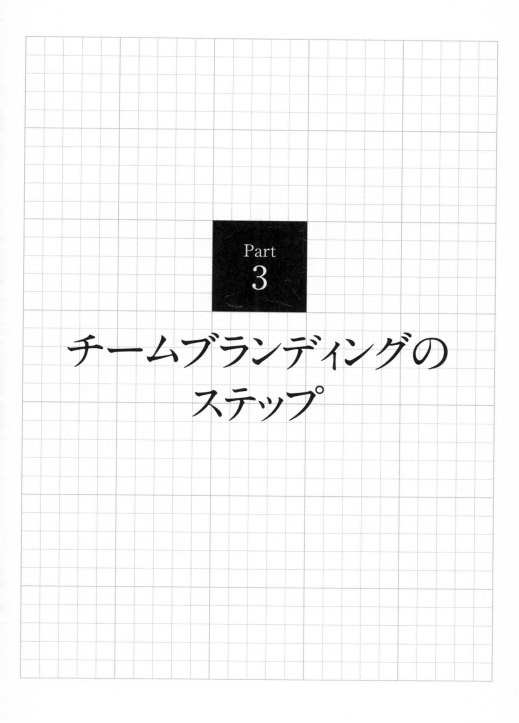

Part
3

チームブランディングの
ステップ

チームブランディングを
構築するには手順がある

　このPart3からは、具体的なマーケティングの流れとブランド構築のステップを解説していきます。

　まず、「ブランド構築のためにはマーケティングが必要だ」ということはPart1で述べました。

　次に、消費者を引きつけ、関心を持ってもらえるようなコミュニケーションを図ります。この段階では、前述した「購買の意思決定をするために必要な**補完情報**」が最も重要なステップとなります。

　そして、最終的には関心を持ってくれた顧客との関係を築き、深い絆を作っていきます。

　53ページの図に「**消費者・顧客の階層**」を示していますが、ブランド構築とは、お客様の階層を上げて、より上位のターゲットへの心理目標に到達させること、つまり、マインドシェア（お客様の心の中のシェア）を上げていく作業でもあります。このときのメッセージは一貫していなければなりません。すなわち後述する「ブランド・アイデンティティ」を築き、ブランド・プロミスを守らなければならないのです。

　このPart3では、実際にブランド構築を行うための準備として、どのようなステップを踏んでいけばよいかを解説します。

BRAND PROMISE

　チームブランディングを構築するためには、ブランドの価値観、思想、ミッションなどを関係者全員で共有する「ブランド・ステートメント」を作成します。ここから8項目のステップを使い、チームでブランドを構築する手順を説明していきましょう。

　まずは、下記の心得にしたがって取り組んでください。

〈ブランド構築ステップ実践の心得〉

● ブランド構築ステップが、「基本の『型』」であることを理解し、予断を挟まず、やってみることを大切にする

● 各ステップを確実に行い、記録し、思考の足跡を残す

● 効率化を図るため、各ステップの目安の時間を設定して行う

● 「ブランド体系図」（注）に示された顧客との関係性の確立を念頭に置き、各ステップの一貫性を確認しながら行う

● 1回で完成と思わずに、ステップを何度も行き来しながらブラッシュアップする

● 顧客視点のブランディングとは、「誰の、何を、どのように解決するのかを決めること」と心得る。（※誰の＝見込み客、何を＝望みや悩み、どのように＝商品・サービス）

● ブランド・ステートメント作成はゴールではなく、スタートである

注：「ブランド体系図」とは、47ページにある、ブランド・イメージとブランド・アイデンティティをイコールにすることがブランディングであることを示す図

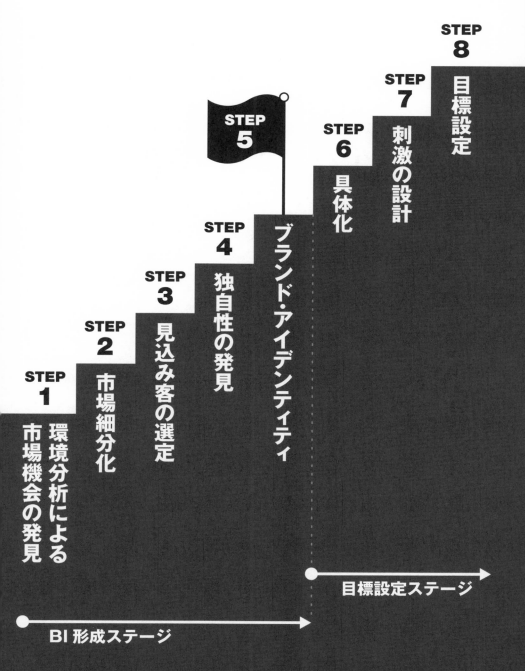

STEP 8 目標設定

STEP 7 刺激の設計

STEP 6 具体化

STEP 5 ブランド・アイデンティティ

STEP 4 独自性の発見

STEP 3 見込み客の選定

STEP 2 市場細分化

STEP 1 環境分析による市場機会の発見

BI 形成ステージ

目標設定ステージ

STEP 1

PEST分析と3C分析
〜市場機会を発見しよう〜

　ステップ①の市場機会の発見には、PEST分析と3C分析を使います。まずはPEST分析から説明していきます。

　PEST分析とは、経営戦略策定や事業計画立案、市場調査におけるマクロ環境分析の基本ツールです。

　政治的（P＝political）、経済的（E＝economic）、社会的（S＝social）、技術的（T＝technological）の4つの観点からマクロ環境を網羅的に見て、外部環境に潜んでいる自社にとってのプラス・マイナス要因を整理し、その影響度を評価していきます。

　PEST分析は、PESTのどれに属すかの正確さを問うものでもなければ、1つひとつ細かく調査するものでもありません。ポイントは、自社に影響を与える要因に注目すること、そして関連する環境の変化を見落とさないことです。

Political 政治的環境要因	・法律、条約（規制緩和、強化） ・裁判、判例 ・税制 ・政権体制 ・公的補助、助成
Economic 経済的環境要因	・景気、物価、株価 ・為替 ・金利 ・消費者可処分所得 ・企業設備投資動向
Social 社会的環境要因	・人口動態 ・世論 ・流行 ・宗教、言語、文化 ・インフラ ・生活習慣、ライフスタイル ・自然環境
Technological 技術的環境要因	・新技術 ・特許

　続いて3C分析について説明します。3C分析とは、自社のどの強みをどう活かして競合と差別化をすればよいか、成功要因を探るミクロ分析ツールです。

　3C分析とは、マーケティングの分析手法の1つです。まずは、これを使って「何のためにブランド構築を行うのか」という大前提となる目的を明確にしなければ、ブランディングの過程で迷路に迷いこんでしまい、方向性がブレていってしまいます。ブランドを構築していて迷ったときには、大前提の目的に何度でも立ち返る必要がありますから、初めに大前提をしっかりと立てておくことがとても重要なのです。

　まず、最初のステップでは、競合・顧客（市場）・自社の情報を収集、整理し、ブランディングの目的を明確にするとともに、市場の機会がどこにあって、事業の可能性が何かを探ります。

　基本的なこととして、右ページの図「3C分析」のように顧客ニーズを満たし、かつ競合が参入できない領域（スミ塗り部分）を探りましょう。

　これが、いわゆる「市場機会」です。

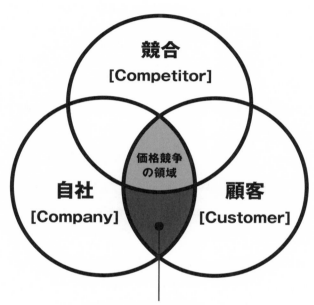

価格競争
の領域

競合
[Competitor]

自社
[Company]

顧客
[Customer]

顧客ニーズを満たし、
かつ競合が参入できない領域

市場機会

　「3C分析」の3つのCとは、Competitor（競合）、Customer（顧客）、Company（自社）の頭文字です。

　分析では、自社（Company）の強みと弱みを探り（自社分析）、競合他社（Competitor）の強みと弱みを探り（競合分析）、そして顧客（Customer）のニーズ（必要としている欲求）とウォンツ（欲しいという欲望）を探っていきます（顧客分析）。

　この3つを重ねて、顧客ニーズと自社の強みが重なっていて、なおかつ競合が参入できない領域を探し出すのです。

　気をつけなければいけないのは、3者が重なる真ん中の部分です。ここでは、価格競争が起こってしまいます。

　また、顧客が重なっていないのに、自社の都合で市場に商品やサービスを送り出しているケースがあります。顧客のニーズを考えずに、あるいは顧客のニーズを見失い、自分たちだけがよいと思って提唱し続けているケースもあるでしょう。

　中には、自社と競合だけが重なり、顧客が重ならない部分がありますが、これは論外です。ニーズのないところで競合他社と競い合っていることになります。

※ニーズのないところで競合と競い合うのはNG

　"市場を探す"とは、新しい商品を探すということではなく、競合が参入できない領域で、顧客が求めているコトやモノを探す「市場機会の発見」のことです。3C分析のフレームワークを使って、自分たちの市場はどこかを探っていきましょう。

ステップ①を要約すると、以下のようになります。

〈内容〉

【競合（Competitor）について】

- 直接競合（同業他社）だけでなく、顧客ニーズに対応する（解決する）ものを競合ととらえ、間接競合（異業種）も書き出す。

【顧客（Customer）について】

- 人口動態、市場のトレンドや自社の既存顧客の情報から、顧客ニーズを探る。

【自社（Company）について】

- 自社の概要、ブランディングの目的、自社の「強み」と「弱み」などを書き出す。

【3つのCから考えられる市場機会】

- 自社だけができて、顧客ニーズにマッチする「市場機会」に当たりを付ける。

ポイント

POINT 1

顧客（市場）の分析は、人口動態、消費者動向、文化的価値観の変遷などのマクロデータから、業界動向、自社商品・サービスの購買状況、既存客アンケートなどのミクロデータまで、なるべく多くの情報を収集する。

POINT 2

自社 ▶ 顧客 ▶ 競合 ▶ 自社 ▶ 顧客 ▶ 競合 ▶ 自社

…のように、3者のブラッシュアップを数回行う。

POINT 3

3Cで設定した「直接競合」が、ポジショニングマップに書き込む「競合」となる。

POINT 4

ここで設定した「事業の可能性」を基に、次ステップ「セグメンテーション」のテーマ出しや、「ターゲティング」を行う。

STEP 2

セグメンテーション
〜細分化はどう進めるのか？〜

　ステップ②のセグメンテーションとは、市場を細分化し、グループ化していくことで、ターゲットをより明確にしていく分析手法です。

　ここでは、フィリップ・コトラー教授が提唱した「STP（セグメンテーション・ターゲティング・ポジショニング）マーケティング」によって段階的に進めていきましょう。

　STPマーケティングとは、マーケティングの初期段階において、「誰に対して」「どのような価値を提供するのか」を明確にするための手法です。

　例えば、ある商品・サービスを市場に送り出す際に、最初に見込み客を選定しなければならないとします。つまり、すべての消費者の中から、その商品・サービスを買う「見込み」がある層を抽出するのです。この選定プロセスを「セグメンテーション」と言い、後述するステップ③の「ターゲティング」の準備段階となります。

　セグメンテーションのポイントは、自社の事業または商品・サービスの市場を、顧客の視点から複数のテーマで細分化することです。

セグメンテーションの基準

要素	基準
1 人口統計的要素	年齢、性別、学歴、職業、既婚・未婚、家族数、家族構成
2 経済的要素	収入、貯蓄、予算
3 社会的・文化的要素	生活様式、社会ステイタス （例＝インドア派、アウトドア派、本物志向、家族主義、都会志向、田舎志向、ロハス志向、健康志向など）
4 地理的要素	住居形態、職業、学校の所在地、環境（都市、郊外など）、居住地の人口・規模
5 移動手段的要素	徒歩、バイク利用、自動車利用
6 心理的要素	価値観、趣味、嗜好、習い事、スポーツ活動、購買動機
7 情報取得的要素	購買新聞、購買雑誌、テレビ、インターネット、モバイル
8 購買行動的要素	自店との関係の深さ、セール企画への反応度、ブランド・ロイヤルティ、競合店との関係の深さ、競合するブランドの愛好者

　セグメンテーションの基準は、年齢、性別、居住地、職業、収入など、さまざまです。

　例えば、居住地なら「東京・神奈川・千葉・埼玉・それ以外」など、年代なら「10代、20代、30代、40代、50代以上」など、職業なら「会社員、自営業、無職、アルバイト、それ以外」などです。つまり、自分たちの見込み客を選ぶときに、どの基準を考えればいいのか、というのがセグメンテーションです。セグメンテーションの考え方を要約すると以下のようになります。

〈内容〉

　基本セグメント／どんな事業、商品、サービスを対象にブランド構築を行うときにも、多くの場合に関連があるテーマ。

　例）年齢、性別、職業、住居地域、家族構成、年収、趣味、情報収集の方法…など

　固有のセグメント／ブランド構築の対象となる、事業、商品、サービス固有のテーマ。

　例）1ヵ月当たりの食費、年間の旅行回数、外食の頻度、食事の好み…など

ポイント

POINT 1
セグメンテーションはあくまで「市場細分化」、つまり「分けること」が目的なので、この段階では、ターゲティングのことは考えず、「分けること」に集中する。

POINT 2
セグメンテーションで扱うのは、「顧客（市場）」であって、「事業」ではない。セグメンテーションのテーマで、誤って「営業時間」などを挙げるケースがあるが、顧客を対象にテーマを立てると、顧客の「主な活動時間」などとなる。

POINT 3
セグメンテーションのテーマ数が少ない、あるいは、表現があいまい過ぎる場合、顧客像が描きにくかったり、かけ離れたものになるので注意が必要。

STEP 3

ターゲティング
〜見込み客をどう選定するか〜

　ステップ③のターゲティングとは、セグメンテーションによって細分化した市場から見込み客の属性を選定し、自社の事業または商品・サービスの対象とする顧客＝見込み客を絞り込むことです。ここではその手法を（1）ターゲティング、（2）ペルソナの設定、（3）連想マップの作成という順に説明していきます。

❶ターゲティング──見込み客の選定

　ターゲティングに関して「ターゲット設定」とはよく聞く言葉ですが、見込み客を選定する／ターゲット設定をする際に注意が必要なのは、セグメンテーションをしながらターゲティングを同時にやってはいけない、ということです。同時にやると、結果として自分たちの「思い込み」による見込み客ができてしまうからです。セグメンテーションとターゲティングは必ず別々にやらなければならないと覚えてください。

　それではターゲティングの進め方と例を見ていきましょう。

ターゲティング=見込み客の選定

前ステップ②「セグメンテーション」で設定したテーマごとに、当事業の対象とする属性を選定する。この選定された属性群を「属性リスト」と言う。選定の際は、必ずしも1つの項目を選ぶだけではなく、ある程度、対象とする属性幅を持たせる場合もある。

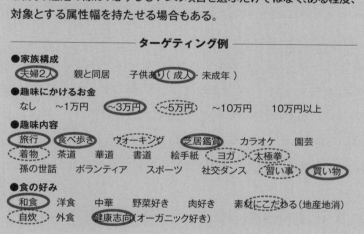

――――――――――――― **ターゲティング例** ―――――――――――――

●家族構成
夫婦2人　　親と同居　　子供あり（成人・未成年）

●趣味にかけるお金
なし　　～1万円　　～3万円　　～5万円　　～10万円　　10万円以上

●趣味内容
旅行　食べ歩き　ウォーキング　芝居鑑賞　カラオケ　園芸
着物　茶道　華道　書道　絵手紙　ヨガ　太極拳
孫の世話　ボランティア　スポーツ　社交ダンス　習い事　買い物

●食の好み
和食　洋食　中華　野菜好き　肉好き　素材にこだわる（地産地消）
自炊　外食　健康志向（オーガニック好き）

見込み客の選定基準

ターゲティングでは、「3C分析」で検討した「事業の可能性」を考慮しつつ、以下の2点を選定基準の参考とする。

1 **対象セグメントの魅力**
　市場規模、成長性、安定性、収益性、競合状況など

2 **対象セグメントと自社との親和性**
　自社の目的、自社の強み（経営資源）、顧客と市場についての知識など

❷ペルソナ──見込み客の具体的設定

ペルソナとは、見込み客がどんな人なのか、架空の人間像を具体化していく作業です。例えば、どんな悩みを持つ人なのか、好きなものは何か、友達は多いのか、性格や嗜好はどういうものかなど、具体的に個人像を描き出していきます。項目はいくつあってもいいでしょう。

商品やサービスの見込み客像を、仮想の人物・ペルソナとして具体的に設定することで、次のステップ以降の取り組みを容易にするのです。また、これはブランディングの整合性を検証する目安となります。

つまり、顧客にどの場面でどんなメッセージを発信していけばいいのかがわかり、ブランド構築に携わる全員に共有され、ブランド戦略にブレがなくなるのです。

ペルソナ設定の具体的な作業について、見ていきましょう。

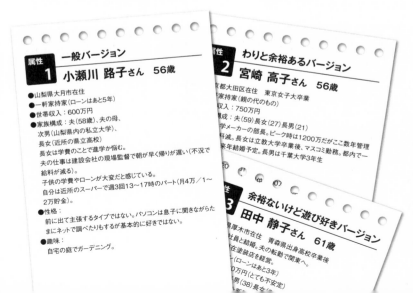

ペルソナを具体的に設定する

- 名前、年齢、性別、職業、家族構成、居住地域や、性格、価値観など、セグメンテーションのテーマ、ターゲティングで選定した属性リストを基に、ペルソナのプロフィールを具体的に記述する。

- プロフィールの印象から想像される、ペルソナの「好きなこと」「嫌いなこと」「不満、不安、不便に思うこと」「幸せを感じること」なども記述する。

- プロフィールから想像されるペルソナの「典型的な平日」「典型的な休日」などのライフスタイルを記述しておくと、「ブランド体験」を作るときに、顧客との接点を設計しやすくなる。

- プロフィールから想像されるペルソナの外見（身長、体型、髪型、服装など）も記述する。ペルソナのイメージに近いイラストや写真などを用意する。

❸連想マップ──ペルソナの連想連結を探る

連想マップとは、ペルソナの心の中で、どのような連想連結が起こっているかを探り、マップ化することです。それを事業のポジショニングマップや、商品・サービスの内容、価格、流通など、ブランドを具体化する際の参考とします。

連想マップづくりのポイントは、

● ペルソナになりきったつもりで、連想マップに取り組むこと

● たくさんの言葉を出した結果で連想連結を探るので、合っているか間違っているかなどはあまり深く考えずに、言葉をたくさん出すことを優先して反射的に記入していくこと

という点です。

以下に、具体的な連想マップの例を示します。

■連想マップの例／ファミリーレストランがテーマの場合の例

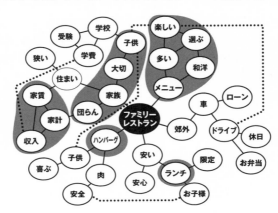

連想マップを書く

- 連想マップのテーマ（3〜4つ）を、ペルソナのプロフィールや価値観などから設定する。そのうち1つは、対象事業（商品・サービス）そのものとする。

- 白紙の中央にテーマを書き、ペルソナがそのテーマを見たときに連想するものとして、頭に浮かんだ言葉を反射的にどんどん書いていく。

キーワードを抽出する

- 連想マップを書いた後、連想の結びつきが強い部分（1つの言葉から多くの言葉がつながっていっている部分）などをチェックし、「事業の可能性」の視点から、キーワードとなりそうな言葉を抽出する。

STEP 4

ポジショニング
〜独自の立ち位置を
見つけよう〜

　ここからは、チームブランディングの8つのステップのうち、ステップ④のポジショニングについて説明します。

　ポジショニングとは、競合との比較から、相対的に優位な自社の独自性を築けるポジションはどこかを見つけることです。

　そのためには、自社の商品・サービスがどのような位置を占めるかだけではなく、競合店がどのような位置を占めるかも知っておく必要があります。

　競合店が自店と同じポジションを占めている場合、その競合商品と自社商品がどこで差異化できるのかを知るために、条件を変えてポジショニングマップを何度も書き直しましょう。

機能的価値

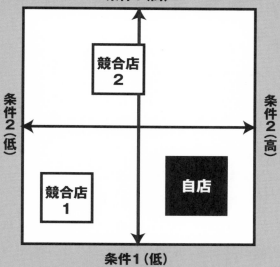

条件1（高）

競合店
2

条件2（低）　条件2（高）

競合店
1

自店

条件1（低）

情緒的価値

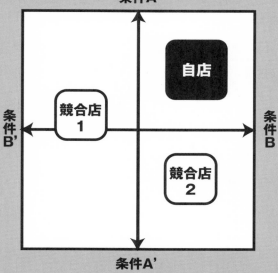

条件A

自店

条件B'　条件B

競合店
1

競合店
2

条件A'

ポジショニングマップの作り方

続いて、ポジショニングマップを作る際の注意点を説明します。

連想マップで抽出したキーワードや、対象商品、サービスの属性（価格、新規性など）で縦軸、横軸を作ります。その際、必ず「高い×安い」、「ウォーム×クール」など、対立する概念を用います。「高い×クール」などとならないようにしましょう。

連想マップのキーワードから軸を作る場合、選んだキーワードの反対語を考えると、軸が簡単にできます。例えば、「癒し」がキーワードとして、その反対語を探してみると、「耐える」「緊張」「ストレス」など、いろいろ出てきます。どの言葉がペルソナの心の中で対立概念となりそうかで判断し、軸を作ることができればベストです。

自社と競合を、ペルソナの心の中でどこに位置するかで判断して、ポジショニングマップ上に書き込んでみましょう。このポジショニングの段階で「独自性」のポジションを見つけ、それを端的に言語化したものがステップ⑤の「ブランド・アイデンティティ」になります。

ある温泉旅館のポジショニング例

機能的価値

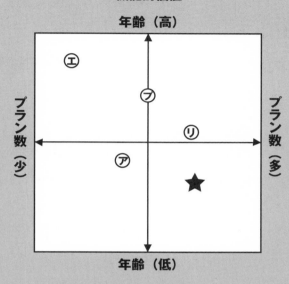

情緒的価値

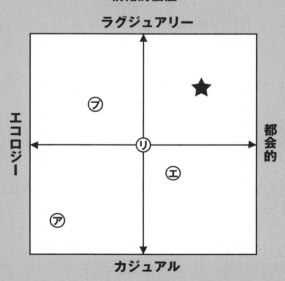

STEP 5

ブランド・アイデンティティ
〜どんな旗を立てるのか〜

　ステップ⑤のブランド・アイデンティティとは、**自社を、あるいは自社が提供する商品やサービスを、「顧客にどう思われたいか」を明確にすること**です。

　これは、別の言い方をすれば、**自分たちの特徴をはっきりと打ち出した"旗を立てる"こと**だと言えるでしょう。そのためには、自分たちが大切にしていることをしっかりと自覚し、どんな旗を立てるのかを検討する必要があります。

　ステップ④のポジショニングで出てきたキーワードの中から、さらに精査してブランド・アイデンティティを構成するキーワードを抜き出し、ブランドが最も伝えたいことを言語化していきましょう。

　顧客はブランド要素に接したとき、何らかのイメージを連想します（ブランド連想）。その連想の体系全体がブランド・イメージであり、ブランド・アイデンティティは、どんなブランド・イメージを訴求するかを表現したものということができます。

　そこにはブランドの優位性・唯一性、そして顧客が受け取る価値が含まれていなければなりません。

ブランド・アイデンティティのポイント

- ●ブランド・アイデンティティはキャッチコピーではないので、必ずしも奇をてらった言葉、インパクトのある言葉を使うことはない。

- ●ブランド・アイデンティティが、ペルソナにとってわかりやすく、好ましいものかどうかを検討する。

- ●この時点で、いったん3C分析（86ページ）まで戻って、整合性に問題がないか検証することが望ましい。ここまでがズレていると、この後のプロセスがすべてズレてしまう可能性がある。

ブランド・アイデンティティの例

「生活の中の楽しみを創る美容室」 事例▶P222
（美容室りんごの木セントラル）

「神秘なる諏訪湖に心癒される宿」 事例▶P232
（上諏訪温泉「しんゆ」）

それでは、実際にブランド・アイデンティティをどう作るか、考えてみましょう。

まず、STPマーケティング（92ページ〜）で選定した独自性を表わすポジショニングマップを、端的な言葉で表現します。

例えば、Part5で後述する温泉旅館の例で言えば……

諏訪湖のほとりでゆっくりとした時間を過ごしてもらいたい

→「神秘なる諏訪湖に心癒される宿」

と表現します。

さらに、ブランド・アイデンティティと合わせて**「ブランドとして何を約束するのか」**を明確にします。例えば前述の温泉旅館の例で言うと、以下のようになります。

顧客にできる約束は

● **変化（時間、四季）する諏訪湖の神秘的（非日常的）な美しさ**

● **若返れる温泉と、心の癒しを感じさせる食と空間**

● **心の癒しを感じさせるおもてなしとサービス（接客、メニュープラン）**

このような、顧客に対する約束を**「ブランド・プロミス」**と言います。

重要なことは、そもそもできない約束は決してしないということです。

　ブランド・アイデンティティを考えるときには、ブランド自身の個性、キャラクターを、顧客にどう感じてほしいかを考えることも有効です。これを、**「ブランド・パーソナリティ」**――ブランド・キャラクターの設定と言います。

　顧客はブランドを購入する、あるいは使用することで、自分自身にブランドのキャラクターを重ね合わせることができます。言い換えれば、この場合ブランドは顧客が自分の所属する準拠集団を決定する役割を果たすのです。

　ブランドがこの役割を果たすためには、ブランド自身のキャラクターが明確であり、競合と差異化できている必要があります。このキャラクターが「ブランド・パーソナリティ」です。

　ステップ③「ターゲティング」のペルソナのテクニックを応用して、自社のブランドの望ましい姿／ブランド・パーソナリティを設定し、メンバーで共有してみましょう。

ブランド・パーソナリティ

● 人にたとえると…樋口 可南子（ひぐち かなこ）
　本名 ： 糸井 可南子、1958年12月13日生
　新潟県加茂市出身の女優。夫は糸井重里。
　身長165cm、血液型はB型。
　新潟県立加茂高等学校、女子美術大学（中退）。
　（出典：fresheyeペディア）

● 印象（イメージ）
　・ 庶民的
　・ ポリシーがある
　・ 控えめだけど自己主張がある
　・ 和風だけど流行に敏感
　・ シンプル（引き算のセンスのよさ）
　・ いつまでも若々しい
　・ クールビューティー
　・ こだわりがある
　・ オーラがあるけど近寄りがたくない（母性を感じる）

ブランド・パーソナリティの例（上諏訪温泉「しんゆ」より）

STEP 6

4P/4Cマーケティング・ミックス
〜ブランドを具体化する〜

　ステップ⑥では4P/4Cマーケティング・ミックスというフレームワークを使って、ブランド・アイデンティティを感じてもらえるような具体的な中身を考えていきましょう。

　実際にマーケティング活動を考える際には、その対象範囲は広大になってしまうことがよくあります。そうしたときに必要となる、**マーケティング戦略を考える際に利用されるマーケティングツールを組み合わせるための枠組みとして、アメリカの経済学者ジェローム・マッカーシー教授が提唱した「4P」**が有名です。4Pとは、以下の英単語の頭文字の組み合わせから名づけられました。

【Product】商品、サービス

　商品ラインナップ、商品特長、品質、デザインなど

【Price】価格

　標準価格、値引価格、仕入価格、支払方法、取引条件など

【Place】流通、販売チャネル

　流通チャネル、流通範囲、品揃え、店舗立地、在庫など

【Promotion】プロモーション、販売促進

　広告、広報PR、ダイレクトマーケティング、営業活動、ホームページ、メルマガなど

ジェローム・マッカーシー教授が提唱した「4P」

Product
商品、サービス

Price
価格

4P

Place
流通、
販売チャネル

Promotion
プロモーション、
販売促進

　前項の4Pに対して、アメリカの経済学者ロバート・ラウターボーン教授は、顧客の視点からマーケティングを考える必要があるとして、次のような**顧客視点による「4C」を提唱**しました。

【Customer value】顧客価値

　機能的価値、情緒的価値（感情、自己イメージの投影）など

【Customer cost】顧客の負担

　心理的なハードル（言い訳、不安感など）、物理的コスト（距離、時間など）

【Convenience】入手容易性

　買いやすさ、アクセシビリティーなど

【Communication】コミュニケーション

　ソーシャルメディア（ブログ、ツイッター、Facebook など）、各種イベントなど

　マーケティングにおいて重要なのは、どのようなマーケティング・ミックスのフレームワークを使用するにしても、それぞれのマーケティングツールの間では、ブランド・アイデンティティにしたがったメッセージングが行われることです。

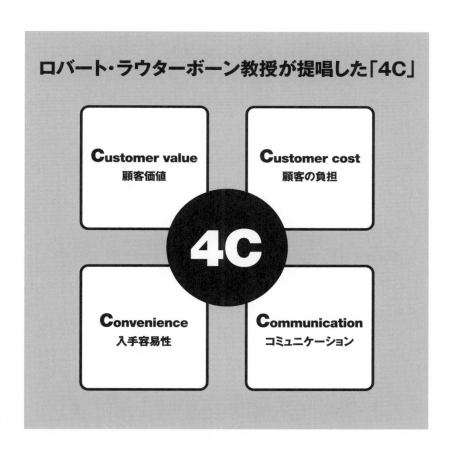

ロバート・ラウターボーン教授が提唱した「4C」

Customer value
顧客価値

Customer cost
顧客の負担

4C

Convenience
入手容易性

Communication
コミュニケーション

　具体化の手順としては、まず3C分析により市場はどこかを明確にし、次にS TPマーケティングにより市場を細分化し、ターゲットを確定します。ここまでは、すでに学んだ通りです。そして、4P/4Cマーケティング・ミックスのフレームワークを使って、自社商品・サービスに関わる情報をもれなくダブりなく整理していきます。また、独自性の具体的な中身をこのステップで設定していきましょう。

　この場合ポイントとなることは、4P/4Cマーケティング・ミックスの内容は、ポジショニングマップや、ブランド・アイデンティティの独自性を担保するものでなくてはならないということです。

　顧客視点の4Cの「顧客」は、ペルソナをイメージすると理解しやすいでしょう。つまり、「顧客にとっての…」は「ペルソナにとっての…」と置き換えて考えることで、自社の独自の情報として整理することができるはずです。

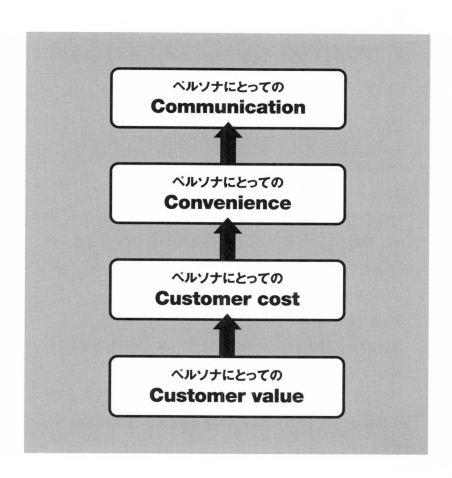

STEP 7

ブランド要素・ブランド体験
〜ブランドとの出会いを決める〜

ステップ⑦では、ブランド要素とブランド体験について考えていきます。

ブランド要素とは、ブランド名、ロゴ、マーク、タグライン、キャラクター、色、ジングル（音楽）など、ブランドを構成するさまざまな最小単位のことです。

ブランド要素は、ブランド・アイデンティティと一貫したものでなければならないのは、当然です。ブランド・アイデンティティを表現するためには、必要なそれぞれの要素を設計しておく、つまりブランド要素を設計する必要があるのです。

ブランド要素の代表的なものとして、次の9つが挙げられます。

■ブランド名　■ロゴ、マーク　■色　■キャラクター

■パッケージ、空間デザイン　■タグライン　■ジングル、音楽

■ドメイン（URL）　■匂い

ブランド要素は経営者やデザイナーの好みなどではなく、**ブランド・アイデンティティを、ペルソナに代表される顧客に伝えることを目的に設計することが大切**です。

ブランド要素の代表的な9つの例

ブランド名

ロゴ、マーク

色

キャラクター

パッケージ、空間デザイン

タグライン

ジングル、音楽

ドメイン(URL)

匂い

　ブランド要素ができたら、そのブランド要素と顧客がどのように接点を持つのかという、ブランド体験を設計しておくことも重要です。**ターゲットが「いつ」「どこで」「どのように」ブランドと接触するのかを、あらかじめ想定したシナリオとして設計しておく**のです。このことは、ブランド再認量を増やし、ブランド再生率を高める具体的な取り組みとなります。

　ブランド体験の設計にあたり、ペルソナのプロフィールやライフスタイルを参考に、4P / 4Cマーケティング・ミックスで情報整理し、具体化した内容にしたがって、いつ、どこで、どのようにブランドと接触させるのか、そのストーリー（場面）を設計していきます。

　ブランド体系図で説明された、顧客の心の中で記憶の集積を生み出し、その連想連結によって、意図したブランド・イメージを築く刺激となるのがブランド体験です。ですから、どの時点での「ブランド体験」も、一貫性を持って、意図的、継続的に行われていることが必須となります。

ブランド体験シナリオの一例（上諏訪温泉「しんゆ」）

時間	行動	ターゲット属性❶ 一般／小瀬川 路子さん（56歳）
11時 ▼ ▼	「しんゆ」到着	チェックインまで時間があるので フロントに荷物を預けて 諏訪大社秋宮と春宮をめぐる。
16時半 ▼ ▼	Check in	すこしフロントがごったがえしている印象。「お待ちしておりました。少々、お時間くださいませ」しかし、スタッフの笑顔に救われた。きびきびとした動きが気持ちいい。 荷物を持ってくださり、部屋までふたりの女性が案内してくれた。
	お部屋への案内〜 客室へ	まず部屋の案内、備品などの使い方、非常口の場所にいたるまで、簡潔な説明があった。 きれいなお部屋で満足。 外の景色（レイクビュー）を眺めて、 旅行気分を満喫する。 案内の女性が丁寧で好感を持った。
16時半 ▼ ▼	仲居さん （お部屋案内）	荷物を持って「おつかれではないですか？ お気づきの点、 ご要望がございましたら、お申しつけくださいませ」気づかいのある言葉に感動。 プライバシーに踏み込んでこない程度の雑談もあり、客とスタッフの距離感が、気持ちいい。
	室内〜部屋に ついて	清潔感のある部屋に満足。 レイクビューの景色がすばらしい。
	室内〜 アメニティ〜 備品について	リーズナブルなのにアメニティが充実していて驚いた。 浴衣のサイズが合わなかったのでフロントに連絡、すぐにチェンジしてくれた。対応が早い。 お茶菓子があるのがうれしい。
17時 ▼ ▼	脱衣場〜大浴場	清潔感があって広々ゆったりしている。 入浴の時間帯がよかったのか、ほかには女性ひとり。 ゆっくりと湯を楽しめた。
18時 ▼ ▼	夕食	流れている音楽で優雅な気分になれた。 食事は諏訪の名産をいただけたので非常によかった。 漬け物が購入できるそうなので、買って友だちにプレゼントしよう。 小さいサイズのお酒があるのがうれしい。
19時半 ▼ ▼	おみやげやさん 訪問	きちんと陳列されたみやげものは見ているだけでも楽しい。 自分にはやさしい色味の手ぬぐいなど、和柄のなかからお気に入りを選ぶ。 主人には地酒を購入。友人には漬け物。

推奨規定・禁止規定
～やるべきこと・ダメなこと～

続いて、推奨規定・禁止規定について説明していきます。

ブランドの価値観、思想、ミッションなどを全員で共有し、実際の営業や運営に反映していくためには、そのガイドラインとなる推奨規定と禁止規定を設定する必要があります。

推奨規定とは、このブランドを扱う際に、どのような行動を取るべきなのかを言語化したものです。**禁止規定**とは、このブランドを扱う際にしてはならないことを言語化したものです。

これらは、もちろんブランド・アイデンティティと一貫している必要があります。特に飲食店、各種サロン、宿泊業、学習塾、スポーツクラブなど、店舗ビジネスおよびサービス業の場合は、具体的には右ページの図のように、横軸の「ヒト」「ワザ」「コト」「モノ」それぞれに、「絶対やること（推奨規定）」と「絶対やらないこと（禁止規定）」を、縦軸のキーワードごとに列記していきます。「ヒト」とはスタッフのあり方や行動、「ワザ」とは必要な技術・知識、「コト」とは必要な仕組み・サービス、「モノ」とは必要な設備・備品とその扱い方のことです。

推奨規定・禁止規定の例（上諏訪温泉「しんゆ」） ■部門名：全体

	ヒト＝スタッフの在り方、行動		ワザ＝必要な「技術」・「知識」	
	絶対やること	絶対やらないこと	絶対やること	絶対やらないこと
神秘的	ゆっくりとした動作でお客様にあわせたペーシングをする。	オブジェ、ヒーリングアートを理解していない。	諏訪やしんゆに関して、お客様に説明できる。	お客様を不公平に扱う。
心の癒し	統一感のある、丁寧な言葉づかいをする。	お客様に聞こえるような私語をする。	失礼のない作法を身につける。	接客する際に、感情に左右される。
おもてなし	お出迎えとお見送りをする。	インナーな事情を理由にお客様をお待たせする。	お客様の要望に応える対応をする。	お客様を迎え入れる準備を怠る。

	コト＝必要な「仕組み」「サービス」		モノ＝必要な「設備」・「備品」その扱い方	
	絶対やること	絶対やらないこと	絶対やること	絶対やらないこと
神秘的	コンセプトにあった空気づくりをスタッフ全員で意識して行う。	ブランドを損ねるような、あわてている姿をお客様の前で見せる。	オブジェの定点管理を行う。	パントリー等のプライベートなスペースをお客様に見せる。
心の癒し	統一された応対の仕方で、お客様に安心感を与える。	お客様を放置する。困っているときなど見て見ぬふりをする。	防災に関して知識を習得し、非常時にお客様を誘導できるよう努める。	会社の備品、お客様の忘れ物など、私物化する。
おもてなし	お客様を最優先した行動をとる。	報告、連絡、相談を怠る。	安全、安心につなげるため、設備の定期点検と定期清掃をする。	備品を雑に扱う。汚れのある備品をお客様の前に出す。

※BM協会理事 島田 良 氏作成

　会社・組織の運営が複数の部署にまたがる場合、つまり多くの部署がブランドを扱う場合は、横断的なガイドラインとなる推奨規定・禁止規定が必要です。それぞれの部署ごとに作成した推奨規定・禁止規定を1つに集約統合し、全社的な推奨規定・禁止規定を作成するとよいでしょう。

　ブランド・アイデンティティと連動したいくつかのキーワードそれぞれに、「ヒト」「ワザ」「コト」「モノ」の観点から、絶対にやること、絶対にやってはいけないことを明確にします。これを**関係者全員で徹底できれば、その会社の商品やサービスは、飛躍的に向上する**でしょう。

　そのことによって、その会社のブランドは、ますます磨かれていき、それを誇りに思う従業員のモチベーションが向上し、さらに品質やサービスが向上……と、ブランドを中心とした好循環が生まれてきます。

郵 便 は が き

１０１-８７９６

５１１

（受取人）

東京都千代田区
　神田神保町１－４１

同文舘出版株式会社
　　愛 読 者 係 行

｜｜ｉ｜·｜·ｉ｜ｌ｜ｉ｜ｉ｜ｉ｜｜ｉ｜ｉ｜｜ｉ｜ｉ｜ｉ｜ｉ｜ｉ｜ｉ｜ｉ｜ｉ｜ｉ｜

毎度ご愛読をいただき厚く御礼申し上げます。お客様より収集させていただいた個人情報
は、出版企画の参考にさせていただきます。厳重に管理し、お客様の承諾を得た範囲を超
えて使用いたしません。メールにて新刊案内ご希望の方は、Ｅメールをご記入のうえ、
「メール配信希望」の「有」に○印を付けて下さい。

図書目録希望　　　有　　　　無	メール配信希望　　　有　　　　無

フリガナ		性　別	年　齢
お名前		男・女	才

ご住所	〒		
	TEL　　　（　　　）　　　　　Ｅメール		

ご職業	1.会社員　　2.団体職員　　3.公務員　　4.自営　　5.自由業　　6.教師　　7.学生 8.主婦　　9.その他（　　　　　　　　　　）

勤務先 分　類	1.建設　2.製造　3.小売　4.銀行・各種金融　5.証券　6.保険　7.不動産　8.運輸・倉庫 9.情報・通信　10.サービス　11.官公庁　12.農林水産　13.その他（　　　　　　　）

職　種	1.労務　　2.人事　　3.庶務　　4.秘書　　5.経理　　6.調査　　7.企画　　8.技術 9.生産管理　10.製造　11.宣伝　12.営業販売　13.その他（　　　　　　　）

愛読者カード

書名

◆ お買上げいただいた日　　　　　年　　　月　　　　日頃
◆ お買上げいただいた書店名　　（　　　　　　　　　　　　　　　　）
◆ よく読まれる新聞・雑誌　　　（　　　　　　　　　　　　　　　　）
◆ 本書をなにでお知りになりましたか。
　1. 新聞・雑誌の広告・書評で　（紙・誌名　　　　　　　　　　　）
　2. 書店で見て　3. 会社・学校のテキスト　4. 人のすすめで
　5. 図書目録を見て　6. その他（　　　　　　　　　　　　　　　）

◆ 本書に対するご意見

◆ ご感想
　●内容　　　　　良い　　　普通　　　不満　　　その他（　　　　　）
　●価格　　　　　安い　　　普通　　　高い　　　その他（　　　　　）
　●装丁　　　　　良い　　　普通　　　悪い　　　その他（　　　　　）

◆ どんなテーマの出版をご希望ですか

<書籍のご注文について>
直接小社にご注文の方はお電話にてお申し込みください。宅急便の代金着払いにて発送いたします。1回のお買い上げ金額が税込2,500円未満の場合は送料は税込500円、税込2,500円以上の場合は送料無料。送料のほかに1回のご注文につき300円の代引手数料がかかります。商品到着時に宅配業者へお支払いください。
同文舘出版　営業部　TEL：03-3294-1801

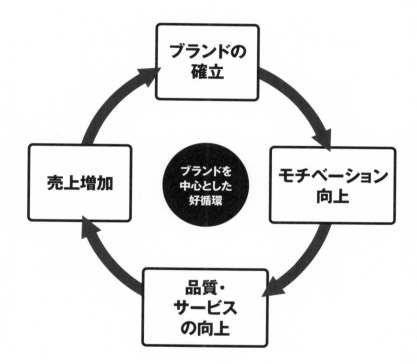

STEP 8

マーケティングの目標
～目標を数値化してみよう～

　最後はステップ⑧、マーケティングの目標についてです。この場合の目標とは、3C分析、STPマーケティングで設定した顧客（市場）とブランド・アイデンティティから判断して、いつまでに、どのくらいの実績を目標とするのかを明らかにすることです。その際に、目標をしっかりと数値化することが非常に重要です。

　例えば、数値目標を設定する際には、売上高、利用客数、稼働率など、事業の収益性に関する数値を設定するのが一般的です。その他、ブランド・アイデンティティが、顧客に伝わっていることを数値的に確認する項目を設定することも、ブランディングの観点から言えば必要です。

■目標設定の例

- 「生活の中の楽しみを創る美容室」
  →商品購入比率、商品売上高構成比率 など
- 「神秘なる諏訪湖に心癒される宿」
  →お土産品売上高、リピート率、紹介比率 など

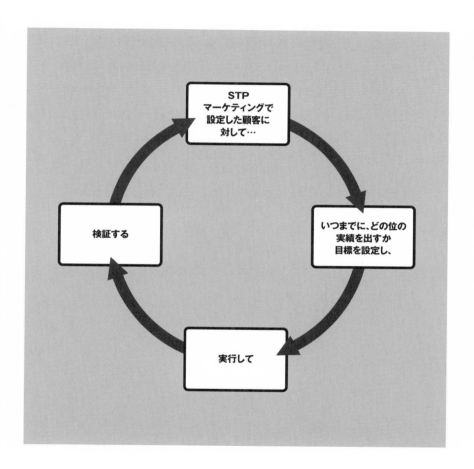

　マーケティングの目標を設定する際のポイントについて、説明します。

　目標は、3C分析やSTPマーケティングからの一連の流れと、整合性を持た
せる必要があります。設定したペルソナ（顧客・市場）にふさわしい目標値かど
うか、注意深く検証する必要があるでしょう。目標を数値化する際に、売上げな
どの理想ばかりを追いかけてペルソナとかけ離れてしまっては、ブランド・マーケ
ティングとしては問題です。たとえ目標が達成できることがあっても、それでは再
現性に欠けますから、永続的な繁栄を目指すという当初の大目標から外れてし
まいます。

　マーケティングの目標、つまり、具体的にどの項目に、どのくらいの目標値を
設定するかは、経営全体に大きく影響します。市場、自社の現状、および経営
資源等を踏まえ、適切な目標値を立ててください。

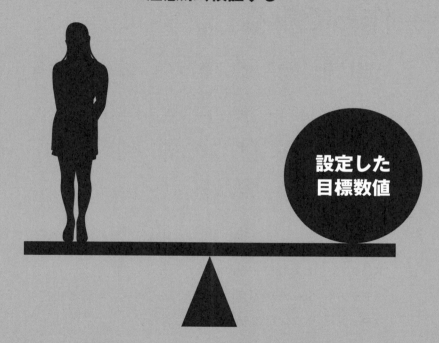

設定したペルソナにふさわしい目標値かどうか、注意深く検証する

設定した
目標数値

8つのステップで
ブランド・ステートメントを
作ってみる

　これまで解説してきたように、ブランド戦略はマーケティング戦略の基盤の上に作り上げられなければなりません。そのためには、ここまでに紹介した8つのステップを意図的に組み立て、一貫性を保ち、継続していくことが重要です。

　これらのステップをブランドの宣言書としてまとめたものを「**ブランド・ステートメント**」と言います。

　チームでブランド構築を行う8つのステップを、もう一度確認してみましょう。

ステップ①　PEST分析／3C分析

ステップ②　セグメンテーション

ステップ③　ターゲティング（ターゲティング、ペルソナ、連想マップ）

ステップ④　ポジショニング

ステップ⑤　ブランド・アイデンティティ、ブランド・パーソナリティ

ステップ⑥　4P/4Cマーケティング・ミックス

ステップ⑦　ブランド要素・ブランド体験／推奨規定・禁止規定

ステップ⑧　マーケティングの目標

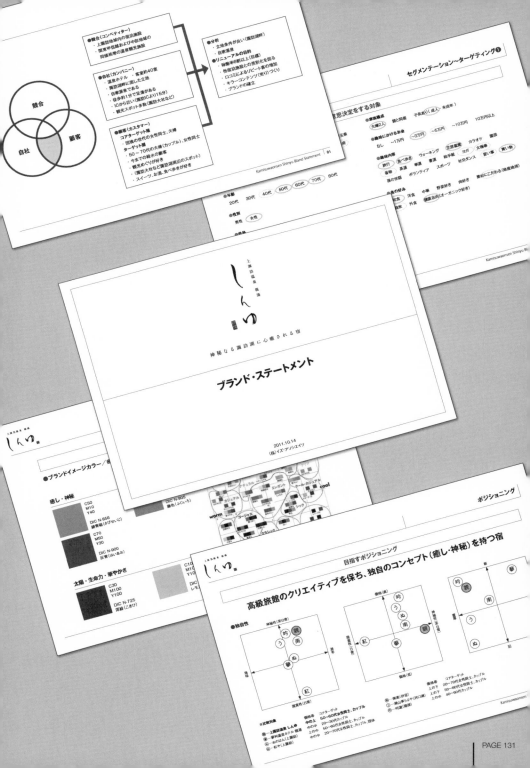

　なぜ、このように8つもの段階的なステップを踏まなければならないのでしょうか。それは、マーケティング戦略、ブランド戦略とは、PDCA（計画・実行・検証・改善）サイクルを絶えず繰り返さなければならないものだからです。

　そのチェック（検証）の段階で、修正すべき箇所が出たときに、段階を踏んで足跡を残しておけば、そこまで戻ってやり直すことができるのです。

　ブランド構築は、段階を踏まずに一気にやってしまうと、行き詰まったときにどこに戻ればいいのかわからなくなってしまいます。そうなると、修正のたびに手間とコストがかかり、同じ失敗を繰り返すことにもなりかねません。

　だから、必ずステップを踏んで1つずつ積み上げていくことが重要なのです。

　8項目のステップを確実に踏みながら、ぜひ全社員で共有するブランド・ステートメントを作成してみてください。

　以上が、チームブランディングのステップです。最後にPart4ではその実践例をご紹介していきます。

ステップを踏んで
1つずつ
積み上げていくことが
重要

Part 3 まとめ

チームブランディングは、スタッフに答えを与えるのではなく、グループワークを通して自分たちの頭で考え、意見を交換することで、「自社の価値観」や「他者（顧客・スタッフ）の価値観」を深く理解し、「自らの価値観」との共通点を発見することを主眼としている。それが「自分ごと」として、主体的にブランド・アイデンティティに即した行動ができる人材の育成、チームの育成につながるのである。

実際にブランディングを進める作業は8つのステップを踏んで行う。各ステップは必ず一貫性を持って行われなければならない。

Part
4

チームブランディングを
実践で学ぼう

チームでブランド構築を
実践してみよう

　Part4では、チームでブランド構築を実践する際の考え方と、事例を紹介していきます。

　チームブランディングとは、自社の経営戦略に基づくブランディングを、事業に直接的、間接的に関わる人たちと共に築き上げることで、同時にチームワークも醸成することができるプロセスです。これを上からの押し付けになりがちなトップダウンで行うのではなく、現場のチーム全員で行うことがチームブランディングです。

　商品・サービスそのものだけではなく、企業や店舗のブランド構築を図る上で、忘れてはならない大切なことは、企業や店で働くスタッフこそが、ブランド・アイデンティティと一貫したブランド体験を顧客に与え、ブランド・プロミスを守り、推奨規定・禁止規定をもとに行動する「ブランド構築のために最も重要なキーマン」だということです。

　だからこそ、経営者や店主が作ったものをスタッフに指示するだけではなく、このブランド構築のステップそのものをスタッフとともに共有して、作り上げてもらいたいのです。

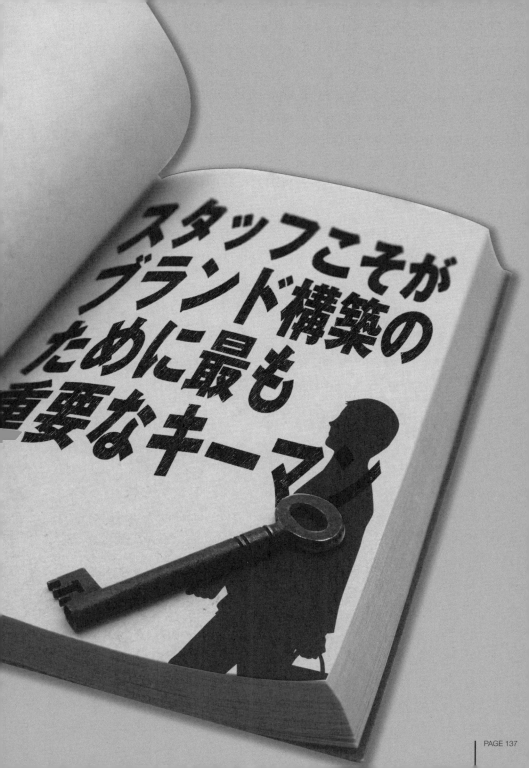

スタッフこそが
ブランド構築の
ために最も
重要なキーマ

　Part3までに述べてきたブランド構築のステップは、机上の空論ではありません。実際にこのプロセスを踏みながら、スタッフと一緒に作り上げてきた会社や店舗を、この後で紹介していきます。

　そこでは、スタッフたちが「自分たちの会社」、「私たちの店」と心から思い、自発的にイキイキと働いているのです。

　ブランド構築のプロセスにスタッフを巻き込みながら進めることは、決して簡単なことではありません。ですが、そこにはかけがえのないご褒美が待っています。それは、**全体の一体感を感じることができるという喜びです。それにより、「人が幸せに働く」組織が実現する**のです。

　ぜひ、スタッフとともにブランドを築き、幸せを分かち合いながら永続経営を実現していただきたいと思います。

　ここからは、「チームブランディング8つのステップ」を実践したチームブランディング事例を紹介します。新規オープンか、リニューアルか、また、BtoB（企業間取引）かBtoC（企業・消費者間取引）かGtoC（行政・消費者間取引）かによって、それぞれの企業ごとにフレームワークをカスタマイズしていますので、ぜひ参考にしてください。

enjoy working

Case 1 | **B to B リニューアル** 株式会社タイチ（愛媛県宇和島市）

真鯛養殖会社の
チームブランディング

　株式会社タイチは、愛媛県宇和島市で真鯛の養殖を行う水産業者。「おいしい幸せをつくろう」「良い習慣でツキを呼び込もう」「同志との縁を大切に育もう」という3つの経営理念のもと、良質な真鯛を育てるための独自の餌の開発や、機械を使わない人の手による給餌といったさまざまな取り組みを通して、長年にわたり飲食店向けに良質な養殖真鯛を提供してきた。

　そんなタイチに創業以来の危機が訪れたのが、2020年。新型コロナウイルスの流行に伴う飲食店の自粛により、商品である真鯛の需要が大きく下落してしまったのだ。

　一般的な製造業であれば、生産ラインをストップすればひとまずランニングコストはセーブできるだろう。しかし、タイチの商品は生き物。出荷のタイミングを逸してしまうと、大量の在庫を抱えることになってしまう。

　食べごろに育った自慢の真鯛が売れない——この問題を解決するためにタイチでは、BM協会認定トレーナーとして数多くのブランディングを手がける株式会社ファーストデコ・扇野睦巳氏へプロデュースを依頼。ブランディングのメソッドに立脚した、DtoC（Direct to Consumer）販路の開拓に着手した。

新たな販路の獲得に向けたブランディング

　行き場を失った真鯛を、いかにして販売するか。この問題に対してタイチが選択したのが、クラウドファンディング。広告のように大きなコストを投じることなく、広く世間にアピールできるWebメディアの力を活用しようと考えたのだ。

　このように販売ツールの決定からスタートした本プロジェクトは、最終的に予想を大きく上回る売上を達成。もちろん、この背景にはブランディングのフレームワークを活用した、綿密な戦略があった。

　飲食店だけに提供されていた高級真鯛が、いかにしてDtoCとしての活路を見いだしたのか——。その舞台裏を紹介しよう。

3C分析

　通常、現状分析として3C（競合・顧客・自社）分析を行うのがセオリーだ。しかし、地方の中小企業の活性化は地方創生と直結するため、近年は競合だけを考察するのではなく、協力者＝コラボレーター（Collaborator）というもう一つの「C」の考察が重要になっている。

　タイチの強みは、餌の開発に13年費やした養殖の技術力。ブランド養殖鯛「鯛一郎クン」はアッパー層向けの飲食店や市場関係者間での認知度は高く、臭みのない味わいや煮ても焼いても身が縮まない品質は高く評価されていた。

　しかしその一方で、地元・愛媛県の一般家庭では鯛を食べるという習慣があまりなく、「鯛一郎クン」のブランドの認知度はゼロに近いという致命的な弱みがあった。また、「新鮮な鯛を食べたいが、家庭の手狭なキッチンでは調理しづらい…」、「そもそも魚をさばく技術がない…」といった点も心理的なコストとして挙げられた。

　そこで、タイチでは愛媛の人気レストランである株式会社マルブン代表取締役の眞鍋明氏らをコラボレーターとし、彼らの協力のもと代表・徳弘多一郎氏が自ら発信するSNSによる一般消費者へのアプローチと、家庭でも簡単に食べられる鯛一郎クンピッツァの開発に着手した。

　なお、本事例ではブランドの認知度を高める手段としてクラウドファンディン

グを活用したが、コロナ禍で初の緊急事態宣言下ということもあり、当時は「助けてください」という悲壮感漂うプロジェクトが氾濫。そこで、あえて「ステイホームを鯛一郎クンでおいしく楽しく過ごそう」というポジティブな訴求を行うことで、経営理念に則って、“産地と家庭をつないでおいしい幸せをつくる”ことを市場機会とした。

ターゲティング

「『鯛一郎クン』というおいしい養殖鯛をどんな人に届けたいか？」というターゲティングにおいてエビデンスとなったのが、“クラウドファンディングのターゲットは40代前後の男性が7割を占める”というセオリー。

しかし、本件においては緊急事態宣言に伴うステイホーム中という、過去にない特殊な状況を考慮して、「魚をさばけない、共働きで子育て中の30 ～ 40代の女性」をターゲットとし、ペルソナは架空の人物ではなく、コラボレーターの1人である実在の女性に設定した。

さらに、「時短で手間をかけない＝惣菜」「時間も手間もかける＝手料理」「（移動のための）時間はかけるが手間をかけない＝外食」と定義し、「時短だけど手間はかける」というポジションでクラウドファンディングのリターン商品の開発が進められた。

●ペルソナ

名　　　前	：ちえさん（48歳）
	愛媛県松山市内の分譲マンション在住

世 帯 収 入：1,500万円

家 族 構 成：夫、小学生高学年の長男

夫 の 仕 事：自営業

本人の仕事：経営コンサルタント

性　　　格：普段から人のために尽くすタイプで人望が厚い

趣　　　味：華道

夫婦の悩み：夫は自営業で夜が遅く、家事は妻の役割になっていることが多い。自宅でおいしい魚料理を食べたいが、魚をさばく時間がなく、キッチンのスペースも狭いため、普段はスーパーで切り身を買っている。夫婦共働きのため、料理にかけられる時間が限られているが、長男が積極的に家事の手伝いをしてくれるので助かっている。

ポジショニング

　次に「ペルソナの心の中でおいしい幸せをつくる食とは何か？」という部分を可視化するために、「手間をかける⇔手間をかけない」、「時間をかける⇔時間をかけない」という2軸によるポジショニングマップを作成した。

　「手間はかけずに移動の時間はかける」ことを「外食」、「手間も時間もかける」ことを「手料理」、「手間も時間もかけない」ことを「コンビニやスーパーの惣菜、宅配サービス」とそれぞれプロット。

　そこから、外食がままならなくなったコロナ禍で共働きの子育て世代の悩みの種だった手料理に着目。「惣菜だと罪悪感がある」をペインポイントとし、「少し手間をかけるが時間はかけない」というポジションを取ることによって、子どもも参加できる「おいしい幸せづくり」を具現化していった。

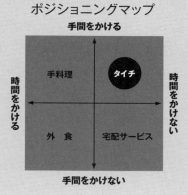

ポジショニングマップ

ブランド・アイデンティティ

　ブランド・アイデンティティの設計においてよりどころとなったのは、タイチの代表・徳弘氏の養殖にかける並々ならぬ情熱だった。

　養殖鯛は餌の関係からどうしても独特の臭いがあり、そこが天然鯛に劣るというのが一般的な考え方。そこで徳弘氏は13年という長い年月をかけてこの問題と向き合い、独自の養殖技術を開発。餌をやるときにも、「ありがとう」「愛しているよ」と鯛に声をかけながら愛情を注ぎ、天然鯛に勝るとも劣らない味の養殖鯛「鯛一郎クン」を完成させたのだ。

　そしてもう1つが、徳弘氏の底抜けに明るい人柄。とかくコロナ禍でのクラウドファンディングでは「困っています！ 助けてください！」といった悲壮感を前面に打ち出す傾向があるが、徳弘氏の明るい人柄をベースにポジティブな世界観を構築することに決定。そこから、「面白い宇和島の養殖士」という異色のブランド・アイデンティティが生み出された。

ブランド・アイデンティティ
面白い宇和島の養殖士

タイチ代表・徳弘氏（右）の
ユニークで底抜けに明るいパーソナリティーが
ブランド・アイデンティティ軸に

マーケティングの目標

　マーケティングの目標は、宇和島市が推進していた「#鯛たべよう」運動に則って、まずは地元愛媛県を中心にクラウドファンディングの売上目標を30万円に設定。2020年5月22日からスタートしたプロジェクトは、わずか2時間で目標を達成し、6月30日までに31都道府県に住む延べ377人から317万円の応援購入があった。なお、そのうち約53%が愛媛県からの支援だった。

4P/4Cマーケティング・ミックス

　マーケティングにおける4Pは次の通り。

　まず、リターンとしての商品（Product）は、チルドの真鯛（1尾）の他に、切り身の真空パック、ピッツァ、鯛しゃぶセットを開発。中でもピッツァは購入者数が延べ227人に達するなど全支援者の7割以上が購入する人気のリターンとなった。

　次に価格（Price）。クラウドファンディングで最も支援が受けられやすい価格帯が5,000円〜1万円であることを踏まえ、同価格帯に12種類のリターンを設定。この仮説の通り、最終的には4,860円のピッツァが最も多く支援者を集めた。

また、流通（Place）に関しては、クラウドファンディングを活用したDtoCにより、産地から直接届けるスタイルに挑戦。さらに、クラウドファンディング終了後にECサイトを立ち上げ、実店舗でも販売開始したことによって、空軍としてのクラウドファンディング、海軍としてのEC、陸軍としての店舗という3つの歯車がかみ合ったマーケティングを実現した。

　そして、告知（Promotion）については、SNSを中心に展開。多くのフォロワーを持つコラボレーターたちが発信すると同時に、地元メディアによるパブリシティを活用した情報拡散を図った。

　一方、顧客視点の4Cでは、顧客価値（Customer Value）として楽しくステイホームを過ごす"コト売り"を展開。徳弘氏によるユニークなSNS投稿やリターン品に添えられた握手券がSNSで話題となった。

　とはいえ、顧客の負担（Customer Cost）として危惧されていたのが、クラウドファンディングへのアカウント登録だ。Amazonや楽天市場といったおなじみのECサイトとは異なる、新たなプラットフォームに個人情報を登録してもらうというひと手間が大きなハードルになると思われていたのだ。しかし、ふたを開けてみればコロナ禍で新しいネットショップや電子マネーが一気に普及したこともあり、多くの支援者の参加が実現。一度アカウントを登録することで入手容易性（Convenience）が高まり、再購入の流れを作ることに成功した。

　この他にもタイチでは、SNSでのファンクラブの組成やYouTubeによる宇和島鯛めしの作り方紹介、子どもでも簡単に作れるピッツァの作り方動画の配信、さらには宇和島市長も登場した配信イベントを開催するなど、さまざまなチャネルを介して、支援者とのコミュニケーション（Communication）を行った。

マルブンとのコラボレーションから誕生した
リターンの鯛一郎クンを使用したピッツァ

ブランド要素・ブランド体験

　消費者と商品の接点となるクラウドファンディングのプロジェクトページでは、ブランド・アイデンティティに則って鯛を持った笑顔の徳弘氏を大きくフィーチャー。そこに「愛媛県宇和島から愛をこめて」、「一流店も絶賛！あの高級養殖鯛、鯛一郎クンをお家で食べてもらいタイ！」というコピーを配して消費者へ刺激を与えるよう設計をした。

　また、リターンのお届けの際には、徳弘氏の発案で「（自称）小栗旬握手券」をつけるなど、最後まで人間味とユーモアあふれる工夫を施したことで、SNS上で大いに話題になった。

　一方、このプロジェクトの根底には「飲食店の営業自粛で廃棄される危機にあった養殖鯛を食べてフードロスを解決したい」というSDGs的な視点もあったため、これまでタイチが取り組んできた活動をSDGsの観点から再定義。例えば魚の養殖業は、食べ残した餌の適正化を行わなければ海洋汚染につながるという問題をはらんでいたが、タイチではすでに手間はかかるが海洋汚染への影響が少ない人の手による給餌を行っていた 。このような取り組みはSDGsが掲げる「14.海の豊かさを守ろう」という目標に貢献しており、本ブランディングにおいて新たにブランド・ステートメントとして掲げられることとなった。

　また、「ありがとう」「愛しているよ」という言葉を鯛に呼びかけながら行う給餌や、いけす内の鯛の数を減らして健康的に育つ環境づくりに配慮していることなどは、アニマルウェルフェア（動物福祉）の実践として社会的価値を再定義した。

CRAFUN.JPに掲げられた「鯛一郎クン」のバナー。
商品である鯛を持った徳弘氏の笑顔が強力なアイキャッチだ

チームブランディングの成果

　タイチではこれまでBtoBに特化したビジネスを展開していたため、社員が消費者の声を直接耳にすることはほとんどなかった。しかし、今回のクラウドファンディングでは、全国の支援者からの反響がダイレクトに届いたことで、モチベーションが向上。経営理念を体現するという貴重な経験が得られた。

　このクラウドファンディングの成功を受けて、タイチではよりアッパー層に向けた商品を開発するブランディングの第2フェーズへ移行。「美しい海を次世代につなごう」という社員の要望で加えられた4つ目の新たな経営理念に基づき、海の清掃活動を会社行事として本格的にスタートさせ、今では地域を巻き込んだ活動へと発展している。

　一方、地元の小学生からは、夏休みの自由研究のテーマとしてタイチの取り組みが取材されるなど、地域における認知度の向上とESD（持続可能な開発のための教育）の推進という社会的価値の形成にもつながっている。

　このようにSDGsに根ざした考えを自社の理念に紐づけることで、結果として1人ひとりの社員が自分の仕事により強く誇りを持てるようになるというインターナル・ブランディングとしての好循環をも醸成することに成功している。

◆株式会社タイチ

所在地／愛媛県宇和島市小池1679番地2

株式会社タイチ の社員が、
ホンキになった瞬間

　突然のコロナ禍で取引先の飲食店が一斉に休業。雇用を守るために一般消費者向けの新規市場開拓を迫られた結果、クラウドファンディングへ挑戦。不安に包まれての船出だったが、日を追うごとに増える支援者、支援額、応援メッセージを受けて、次第にその不安は希望へと変わり、仕事に対する誇りまでもが醸成されていくという副効用まで得られる結果になった。

　また、クラウドファンディングのリターンを受け取った支援者たちがSNSを通じて感想を次々と配信。図らずも社員たちは「おいしい幸せをつくろう」「良い習慣でツキを呼び込もう」「同志との縁を大切に育もう」という経営理念を体現することとなった。

　さらに、その後に行われた幹部社員を交えたインターナル・ブランディングでは、幹部社員から経営理念に「美しい海を次世代につなごう」という一文を加えたいという申し出も。この背景にあったのが、SDGsを実践するためにも海洋清掃を会社としての正式な取り組みにしたいとの想いであり、社員がホンキになった瞬間でもあった。

"株式会社タイチ"の
ブランド・アイデンティティ

面白い宇和島の
養殖士

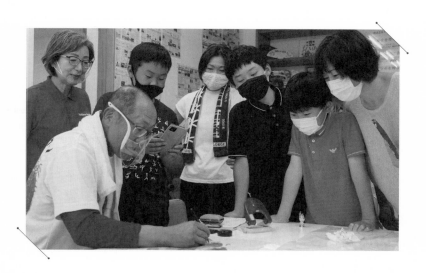

Case 2 | **B to C リニューアル** | 株式会社チャイルドケア24（香川県高松市）

複数拠点展開の保育園の チームブランディング

保育業界は今、大きな転換期に差し掛かっている。保育園の利用者数は2025年にピークを迎え、その後は減少することが見込まれており、需要と供給の逆転は既定路線。つまり、存続していくためには「選ばれ続ける保育園」になることが不可欠だ。

香川県高松市を中心に複数の保育園を運営する株式会社チャイルドケア24もそんな「選ばれる保育園」を目指す保育園グループの1つ。

「子どもの『今と未来』を守り育む。そしていきいきと笑顔あふれる香川になる一翼を担う」を経営理念に掲げ、質の高い保育で定評があるものの、競合との明確な差別化は道半ば。「いくら想いがあっても自分たちの独自性や価値を伝える事ができなければ無いに等しい。どうすれば自分たちの価値を掘り下げられるのか？」と考えた同社代表・梶尾裕子氏がたどり着いた答えがブランディングだった。

とはいうものの、ブランディングは保育園経営者にとっては専門外。その道のエキスパートの手助けが必要と考えた梶尾氏が白羽の矢を立てたのが、BM協会のトレーナーでもある株式会社オレンジフリーの吉田ともこ氏（代表取締役会長）と蒲原（かもはら）くみ氏（代表取締役社長）だった。

梶尾氏の依頼を受けた2人は、半年後にオープンが迫った認可保育園の開園告知から着手。新園の強みや保育の考え方を伝えるチラシを地域のフリーペーパーに折り込んだところ、初年度開園時目標30名のところ61名もの入園希望通知が届くという大きな成果が得られた。

2020年4月のにこにこ保育園開園に際して、地域に配布したチラシ

　集客施策での成功を経て、保育の価値を言語化することの重要性を確信した梶尾氏は、「複数ある保育園についても、それぞれ固有の価値を言語化したい」とオレンジフリーに相談した。

　これを受けて吉田氏と蒲原氏はチームブランディングを提案。それぞれの保育園の独自性を際立たせるため、全保育園が同時並行でブランド構築に取り組み、各々ブランド・ステートメントを策定し、現場に落とし込むための推奨規定・禁止規定を作成。最後は全体発表で締めくくる――というプランだ。

　かくして吉田氏と蒲原氏のファシリテーションのもと、9つの保育園が同時並行でそれぞれのブランド・ステートメントを作るという大規模なチームブランディングがスタートした。

ブランド構築の流れ

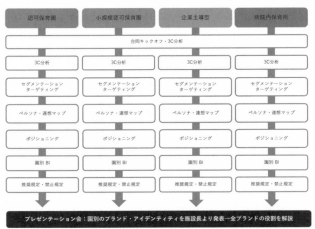

チャイルドケア24 各園ブランド構築

進行は運営形態別。適宜チームの括りを外してディスカッションを行う。

3C分析

　保育士には、商売でやっていないという自負があり、「ブランディング」を「セールス」と同義だと感じて拒否反応を持つ人が少なくない。そのような誤解が生じないよう、「ブランディングとは『価値創造』であり、自分たちが提供したい価値とは何か？を自分たち自身で認識し直す取り組みである。それにより、保護者の共感や信頼を高めていく」と伝えてスタートした。小規模保育園チームでは5園に共通する特性を確認し、その後、各園の個性を深掘りしていった。用語に関しては極力マーケティング色を除外し、保育現場にふさわしい言葉に置き換えた（市場機会の発見→ハッピーポイント）。

自園の強み
・公園が4箇所周りにあり、活用できる。斜面、坂がある。
　どんぐり拾いができる。それぞれの特長を活かした遊びができる。
・毎月行う食育活動（夏野菜を植えて収穫、季節の果物、野菜を五感で
　感じて、目の前で調理。子供たちが自分でおにぎりを作る）
・日当たりの良い明るい園舎で、育ちに応じた手作り玩具や
　落ち着くコーナー作りをしている。

小規模保育ならではの強み
・異年齢保育（自然に小さな子への思いやりや、大きい子へのあこがれの
　気持ちが育つ）
・給食担当者も子どもたちと関わり成長を喜んでくれる
・家庭的な雰囲気
　（保育士の人数が多くひとり一人に丁寧に関わることができる）
・買い物してからのお迎え、産休中や仕事でない時の土曜保育利用も可能
・保護者の心身を守りたい。ゆとりを持ってもらえるように
・課題活動では、年齢に合わせた素材、運動、制作遊び等、活動が充実。
・旬の野菜や果物を取り入れた手作りの温かい給食が食べられる。
・毎月研修ミーティングがあり、職員の資質向上に努めている。
・季節ごとの行事がある。

HAPPY POINT
・安心・安全なもう一つの実家
・子どもが、家庭的な雰囲気の中で、
　楽しくのびのびと過ごしている
・一人一人の子どもと丁寧に関わる
・子どもの成長を保護者と一緒に喜んだり
　考えていく
・一人ひとりに応じた食事の対応

セグメンテーション

マーケティングに触れたことがなくても直感的に理解できるように、「保護者にアンケートを取る要領でやってみましょう」と声をかけた。「保護者の年齢」や「居住地域」「同居家族」「子育ての悩み」「保護者が保育士に求めること」といったセグメンテーションテーマが次々と出された。

ターゲティング/ペルソナ

認可保育園は、どんなに保護者が「〇〇保育園に入園させたい」と希望しても、行政が各世帯の保育ニーズを数値化して決定するため、希望した園に入れる保証はない。自分たちが保護者を選べないのに、なぜターゲティングが必要なのか？という疑問に対して、「保育園と言えば？と地域の人に訊ねたら、『チャイルドケア24』の各園が挙がってくるようにしましょう。それがブランド。最終決定は行政に委ねられるとしても、『他にもいろいろあるけど、この保育園に入れたい』と保護者が思い、第3希望までに自園の名前を書いてくれることが評価の証」とメンバーに伝えて理解を得た。

ターゲティングで自園の保護者の属性や子育ての悩みを浮き彫りにした後は、ペルソナで具体的な保護者像を描いた。すると、「核家族の子育ては、本当に大変だ。頑張りすぎずに、もっと頼ってほしい」「私たちは、もう1つの実家。いつもそばで、保護者を支え、子どもの成長を喜びあう家族でありたい」との想いがいっそう強くなった。

○ ○ ○ ○ ○ ○ ○ ○ ○ ○

名 前(仮名)：佐藤 梨花(女性) 32歳

職 業：ハウスメーカーのインテリアコーディネーター

家 族 構 成：夫婦 ＋ 長女(9か月)

不満・不安：日中のワンオペ育児。夫が帰宅するまで話をする人がいない。
子どもがなかなか泣きやまず、自分の時間がなくてイライラする。

幸せを感じ ること：子どものかわいい服や自分の好みの服を見つけて購入したとき。
子どもの寝顔や成長。子どもを夫に預けて友達とランチ。

ストーリー：26歳で結婚、1年後に出産して育休に入った。初めての育児で戸惑うことも多いが、わからないことはネットで調べたりしながら頑張っている。子どもは可愛いけれど、日中2人きりだと、社会から取り残されているような孤独や不安を感じ、夫が帰宅すると堰を切ったように話をしてしまう。
いずれは一戸建ての新築を購入して、理想のインテリア空間を作りたい。長女が2〜3歳になったら2人目も欲しい。子育てや仕事だけでなく、私らしい生き方を充実させていきたいからサポートしてくれる保育園が大事。離乳食とか、わからないことばかりだし、先生が優しくていろいろ相談できる園がいいな。育休明けに備えてネット検索しなくちゃ。見学にも行ってみよう。

ポジショニング

　ポジショニングでは機能的価値と情緒的価値の2軸を重点的に洗い出した。下記は、チャイルドケア24がこだわり抜いて設計した初の大型園「にこにこ保育園（0~5歳対象）」のポジショニングマップ。軸の言葉は、これまでのステップで洗い出してきた強みをリストアップし、ペルソナから見て価値の高いキーワードを組み合わせた。

ポジショニングマップ

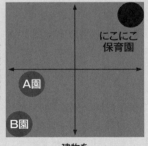

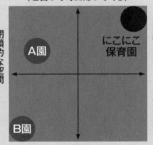

ブランド・アイデンティティ

　これまで同じ顔に見えていたチャイルドケア24の保育園だったが、各園の独自性を明文化したとき、これほど色とりどりに個性の花が咲いていることに皆は驚いた。各園は全体の一部であり、全体は単体の価値が掛け合わさってできている。自分たちに対する誇りと自信が芽生えた。

チャイルドケア24の保育理念

目の前の子どもを、幸せにする。

認可保育園

● にこにこ保育園（高松市林町）

> ## 「やってみたい！」に
> ## とことんつきあう保育園

小規模認可保育園

● 栗林にこにこ保育園（高松市栗林町）

懐かしくてあたたか、
ただいまと言いたくなる保育園

● 木太にこにこ保育園（高松市木太町）

「四季や自然、食べる、生きる」が
つながる保育園

● 太田にこにこ保育園（高松市太田下町）

人と関わる楽しさや、喜びがあふれる保育園

● 林にこにこ保育園（高松市林町）

扉の向こうに広がる優しい空間、
心と個性を大切にする温かい保育園

● 伏石にこにこ保育園（高松市伏石町）

とびきりの明るさで、
心も体も健やかに育つ保育園

病院内保育所

● 日本赤十字社 高松赤十字病院 院内保育所（高松市番町）

働きやすさと、
子どもの幸せをかなえる保育所

● 高松市立みんなの病院 院内保育所 どんぐり（高松市仏生山町甲）

木のぬくもりと、
人の優しさにつつまれる保育所

※2022年3月で契約期間満了

企業主導型保育園

● トモニスマイル保育園（高松市花ノ宮町）

やってみようを当たり前にする保育園

● 志度木の香保育園（さぬき市志度）

季節を感じながら
子どもたちのワクワクが育つ保育園

推奨規定・禁止規定

　ブランド・アイデンティティは、保護者や子どもたちに対する約束である。約束を果たすためには行動規範が必要となる。そこで園ごとに推奨規定・禁止規定を策定。これに基づき行動することで、全員がブレずに園の価値を保てるようになる。ここでは「トモニスマイル保育園」の推奨規定・禁止規定を紹介する。

「トモニスマイル保育園」の推奨規定・禁止規定

ブランド・アイデンティティ　　**やってみようを当たり前にする保育園**

① 心構え: みんなの「やってみたい」を大切にする

推奨規定 子どもたちのやってみたいはもちろん、新人保育士の「やってみたい」に対して「やってごらん」と先輩保育士が言える。

→子どものやってみようを当たり前にするには、保育士同士が仲良く会話できる関係でいる。（新人とベテラン保育士の連携や共有などコミュニケーションが前提条件で「やってみよう」が実現する）

禁止規定 保育士同士の雰囲気が悪い（陰口や否定する見方、言い方）

② 余裕を持つ: 時間、心のゆとりを持って子どもたちの 「やってみよう」を引き出す

推奨規定 子どもの思いを尊重する。

禁止規定 保育士の都合で子どもを急かす。

見守らず保育士がすべてしてしまう。

③ 発展: 子どもたちの様子を見て「もっとこうしてみようか」と、 保育士が発展させていく

推奨規定 子ども自身が好きな遊びを見つけて思いっきり遊び、

保育士の助言で次の遊びにつなげていく。

禁止規定 何かをするときに、それはダメと考えをつぶす。

危険だからと何もさせない。安全の担保なしに遊ばせる。

④ 反応: 職員全員がみんなで共有して、子どもと一緒に喜ぶ

推奨規定 保育士の「反応」で子どもの喜びが変わる。

（明るい笑顔で優しい言葉掛けを）

禁止規定 一緒に喜んだりせず子どもだけで遊ばせる。

子どもが望んでいない遊び、同じ遊びを毎日させる。

⑤ ワンチーム：「できた」を園と家庭でつなげて、子どもの好奇心や自信を大きくしていく

推奨規定 おうちでできたことを園に、園でできたことをおうちに取り込む。

送迎時の報告とコミュニケーション、保護者が相談しやすい雰囲気づくりを。

禁止規定 園でしていることを家庭に知らせない。

保護者に丁寧に対応しない。

ブランディングの成果

チームブランディングは、チャイルドケア24に3つの変化をもたらした。

まず、保育観の違いや人間関係による退職者が著しく減少したことだ。「ブランド・アイデンティティを軸に気持ちが揃った組織になったのを感じます。各園が、心から誇れるアイデンティティを構築できたことが本当に嬉しい」と梶尾氏は語る。言葉には人の心を束ねる力がある。価値を明文化したブランド・アイデンティティによって求心力が高まり、組織の一体感が生まれたことが、大きく影響していると言えるだろう。

次なる変化は、保育という仕事の社会的価値・使命を再認識できたこと。例えば院内保育所の場合、医療従事者の変則的な働き方に柔軟に対応して保育を行っている。それは市民生活を支えているエッセンシャルワーカーの家庭を支えるということだ。社会のインフラ維持の一翼を担っているという責務の大きさに気づき、保育という仕事を誇らしく思った。

　そして最大の変化は、チームブランディングの取り組み以降、施設長同士が支え合うことが当たり前になり、企業文化として根付いてきたことだ。以前は事務方からの通達が流れてくるだけのリーダーLINEだったが、ブランディング以後は「今こんな工夫をしているから、よかったら参考にして」という施設長発信のアイデアや雛形を共有し合い、その内容も常時ブラッシュアップされている。コミュニケーションに「みんなに役立ててほしい」という思いがあふれているのだ。「これまではみんな孤独なリーダーだった。自分は1人じゃない、助け合う仲間がいるんだと思えたことは、法人の大きな推進力となる」と梶尾氏は語る。一緒に旗を振り、支え合い、分かち合える仲間がいる幸せ。これこそがチームブランディングの醍醐味ではないだろうか。

◆株式会社チャイルドケア24

所在地／香川県高松市林町2217-6

株式会社チャイルドケア24 の社員が、
ホンキになった瞬間

　チャイルドケア24では、「この瞬間を境に」という劇的な変化ではなく、全体の温度感が螺旋状に高まっていったのが特徴的だ。その背景には、保育統括リーダーと本部職員の温かいサポートがある。例えば、思うように課題のアウトプットができずモチベーションが下がっている施設長がいた場合、保育統括リーダーが園に出向いて勇気づけ一緒に取り組んだ。本部職員は、課題シートの取りまとめと進捗管理を担当し、忙しい施設長をきめ細やかに支えた。オレンジフリーはこれらの情報共有によって各園の状況を把握し、ワークショップの進行やアドバイスに反映させることができた。このように企業内のサポート役とオレンジフリーが連携して丁寧に進めることにより、メンバー全員の心に火がついた。最終回の全体発表が感動的なものであったことは言うまでもない。

　チームブランディング開始当時9園だった運営園は、今では12園となり法人は大きく成長している。さらに未来を見据え、次世代リーダーへのブランディング教育もスタートした。発展するブランドは歩みを止めない。

"株式会社チャイルドケア24"の
ブランド・アイデンティティ

認可保育園

- にこにこ保育園（高松市林町）
「やってみたい！」にとことんつきあう保育園

小規模認可保育園

- 栗林にこにこ保育園（高松市栗林町）
懐かしくてあたたか、ただいまと言いたくなる保育園

- 木太にこにこ保育園（高松市木太町）
「四季や自然、食べる、生きる」がつながる保育園

- 太田にこにこ保育園（高松市太田下町）
人と関わる楽しさや、喜びがあふれる保育園

- 林にこにこ保育園（高松市林町）
**扉の向こうに広がる優しい空間、
心と個性を大切にする温かい保育園**

- 伏石にこにこ保育園（高松市伏石町）
とびきりの明るさで、心も体も健やかに育つ保育園

病院内保育所

- 日本赤十字社 高松赤十字病院 院内保育所（高松市番町）
働きやすさと、子どもの幸せをかなえる保育所

- 高松市立みんなの病院 院内保育所 どんぐり（高松市仏生山町甲）
木のぬくもりと、人の優しさにつつまれる保育所

企業主導型保育園

- トモニスマイル保育園（高松市花ノ宮町）
やってみようを当たり前にする保育園

- 志度木の香保育園（さぬき市志度）
季節を感じながら子どもたちのワクワクが育つ保育園

Case 3 **G to C リニューアル** **岐阜県本巣市（岐阜県本巣市）**

地方自治体の
チームブランディング

　少子高齢化や人口の都市部一極集中にともない加速する、地方都市の人口減少。このような問題と向き合うために、近年ではブランディングによって地域の魅力を掘り起こそうとする地方自治体も現われはじめている。

　日本三大桜の1つ「根尾谷淡墨ザクラ」で知られる岐阜県本巣市も、そんなブランディングによるまちづくりを志す地方自治体の1つ。

　2018年にスタートした本ブランディングでは当初、外部から移住者を募ることを目指し、「20代・30代の子育て女性」などペルソナを細かく設定。しかし、そこにすでに本巣市で暮らす市民の視点を加えてみたところ、年齢や性別といった属性にとらわれることなく「本巣の強みを生かしたら、一定の価値観の人がずっと喜びを持ちながら暮らし続けられるのでは？」という視点に変化。そこから、"持続可能なまちづくり"へとその方向性を大きくシフトした。

　つまり、他の多くの自治体が外部に向けて画一的な移住のプロモーションに終始するのに対して、本巣市はその視点を内側である本巣市民へと向けたのだ。

　本当の意味で人々が暮らしやすいまちとはどのようなものだろうか？　そして、"持続可能なまちづくり"はどのようなものか？　——開始当初は、市役所

内の小さな「勉強会」としてはじまったものの、やがて市役所内外のたくさんの人を巻き込み、現在では市民が「ブランドアンバサダー」として参加する流れとなった本ブランディングの全容を紹介しよう。

本巣市のチームブランディング主要メンバー。
コンサルタント・平野朋子氏（左から3人目／BM協会トレーナー）がファシリテーションを行った

環境分析

　初年度の2018年は、「住環境」「女性活躍」「教育」をテーマに、18名の職員が3チームに分かれてブランディングを行った。PEST分析においては、「インターネットやSNSが普及している」「女性の社会進出が進み共働き世代が増加している」「幼保無償化に代表される子育て支援が進んでいる」という世の中の流れが明らかになった。

　3C分析においては、市民アンケートやグループインタビューにより、女性の仕事や職場に対する不満の割合が高く、また今後重要だと考える割合が多いことを把握した。現状と希望にギャップがあり、このギャップを埋める戦略が必要だと考えた。

　そこでこれまで行った3つのテーマに沿った深い環境分析をもとに、改めて本巣市の強みとマクロな外部環境要因を掛け合わせクロスSWOT分析を行った結果、特に注力すべきところは「働くママの活躍推進」へと辿り着いた。

内部環境		
S: 強み 豊かな自然がありつつ利便性が高い 地価が安くゆとりのある住環境 働く女性支援が充実している 幼児園～中学まで一貫した公立教育の取り組みで安心できる、経済的負担が軽くなる 数学のまち、高専との連携した教育		**W: 弱み** 公共交通機関が少ない(電車通勤が不便) 知名度が低い(PR力、ブランド力が弱い) 災害(北部の土砂災害、南部の浸水) 情報のインフラが弱い(光回線がない) 消毒、煙等の被害 北部は高校への通学が不便 学習塾が少ない

O: 機会 女性の社会進出、女性の活躍推進、共働き世帯の増加 働き方改革 地方創生、戦略特区、ふるさと納税、東京一極集中の是正 自治体広域連携の促進、道州制 SDGs 空き家増 インフラ整備による高速移動、自動運転 東海環状自動車道の開通に伴う企業立地(物流促進、雇用増加等) フラット35、低金利政策、住宅ローン獲得競争 ドローン プログラミング教育 知財、デザインの意識増(デザイン経営宣言)	**積極攻勢(強み×機会)** ※特にここに注力 **働くママの活躍推進** ・そのための教育支援、女性活躍支援、アドバンス企業推進 ・SDGsとブランド戦略の連携 ・取り組みに関するアワード受賞(それをプレスリリース、認知度アップへ) ・東海環状自動車道開通に伴う企業立地とPR ・限りある予算で叶うQOLの高い暮らしPR ・知財戦略、デザイン戦略を活用 ・プログラミング教育と数学のまちを掛け合わせた価値づくり	**弱点強化: 弱み×機会** ブランド力強化 BIをベースにしたコミュニケーション戦略でブランド認知度の向上 一貫したメッセージ発信によるコミュニケーションの効率化、投資効率があがる
T: 脅威 自然災害多発、気候変動 EV、HV(都市部に比べてスタンドが少ない) 景気の長期低迷、消費税率引き上げ、GDPの低迷 ストレス、ハラスメント	**差別化: 強み×脅威** 空き家の活用 災害対策強化とPR	**防衛／撤退: 弱み×脅威** 災害対策強化 情報インフラの改善 空き家対策 通学支援バスの検討

外部環境

セグメンテーション

　居住エリア、実家のあるエリア、年代、職業、家族構成、ライフステージ、最終学歴などのデモグラフィック属性の他、人付き合い、ライフスタイルのこだわりの強弱、働き方で重視すること、子育てで力を入れたいこと、趣味、ペットの有無、習い事で大変だと思うこと、習い事にかける費用、教育にかける投資の価値観、子育てのストレス、育児の価値観など、価値観の切り口を数多く挙げたことで仮説の精度が高まった。セグメント前に実施したグループインタビューや視点を広げるための有識者インタビュー、アンケート調査が価値観の切り口発見につながった。

ターゲティング

　3年目の市民協働でのチームブランディングで、ライフステージや性別などのデモグラフィック属性に捉われず、価値観属性にフォーカスしたことで、中に向けたブランド・アイデンティティへつながっていった。

メインターゲットは、

ゆとりある住環境で暮らしたい人

画一的でなく、個性を大事にしたい人

家庭も仕事も両立させ 心が満たされたい人

と設定した。

　市民理解を深めるためのペルソナを作成。ペルソナは、世帯の年収は600万円、夫婦と小さい子ども2人を持つ4人家族で本巣市に住んでいるといった、現在の住環境と、この人が叶えたい生活スタイルなどをリアルに想定した結果、ターゲットを一言で表わすと、「のびのびと子育てをしながら、仕事もうまく両立させて、家族と無理なくゆとりのある生活をしたい共働きのママ」に設定した。

●ペルソナ

名前（仮名）：いとう ゆうこ（32歳）
岐阜県本巣市在住

世 帯 収 入：600万円

家 族 構 成：夫、子ども2人（5歳と2歳）

趣　　　味：お菓子づくり、BBQ、旅行、ショッピング、カフェ巡り、
植物

不安・ニーズ・ウォンツ：2人の子どもを育て上げるための資金面における不安。
学区の評判。広いキッチン。ちょっとした家庭菜園を
してみたい。
子どもたちが就職するころには、今ある職業の半分が
無くなると言われ不安。
（そのため、子どもたちには、生きていける力をつけ
させたいと考えている。）

幸せを感じ
ること：子どもの成長を感じること。子どもが寝た後のわずか
な自分時間。
カフェタイム。夫婦でゆっくりする時間。間取りを想像
するとき。ペットショップで犬を見ること。子どもに手作
りのお菓子がおいしいと褒められたとき。

ペルソナを一言で表わすと…

「のびのびと子育てをしながら、仕事もうまく両立させて、家族と
無理なくゆとりのある生活をしたい共働きのママ」

ポジショニング

　ペルソナにとって、他のまちと比較しても、「本巣がいい！」と思ってもらえる
ような観点から本巣の強みやポテンシャルを振り返った。そうして辿り着いたの
が、このポジショニングマップである。

　「仕事と子育て」の観点からは、仕事と子育ての両立がしやすく、家族と暮ら
す日々の生活が高い状態。「子育て・教育」の観点からは、自然豊かなまちでの
びのびと、画一的ではなく子ども1人ひとりに寄り添い、個性を伸ばす教育のあ
るまちとしてのポジションを取ることにした。

ポジショニングマップ

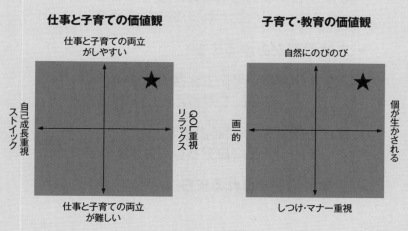

仕事と子育ての価値観

仕事と子育ての両立
がしやすい

自己成長重視
ストイック

QOL重視
リラックス

仕事と子育ての両立
が難しい

子育て・教育の価値観

自然にのびのび

画一的

個が生かされる

しつけ・マナー重視

ブランド・アイデンティティ

　最初の2年間は市役所職員でチームブランディングを行い、「スイッチできる まち、本巣市」としたが、3年目の市民協働による市民目線を取り入れ、「暮らし を自給し、暮らすよろこびが持続するまち」に変更し最終決定とした。

●職員チームで作成したブランド・アイデンティティ

スイッチできるまち、本巣市。

▶ **心にゆとりのある暮らしができるまち** **（＝自分時間が持てるまち）**

▶ **生活の質があがるまち**

▶ **人生100年時代を生き抜く力を** **安心して育むことができるまち**

▶ **良さを掛け合わせることで** **幸せに自分らしく生きられるまち**

▶ **主体的に生きられるまち**

●市民協働で作成し、最終的に決定したブランド・アイデンティティ

暮らしを自給し、暮らすよろこびが持続するまち

　本巣市が考える理想のまちづくりや暮らしを具現化するための「自給」と「持続」。「自給」とは、遠くの誰かに頼らずとも、ここにいるみんなの力を持ち寄って課題を解決していく力のこと。みんなが主体的にまちに関わることで、暮らすよろこびが生まれ、そのよろこびを「持続」させていきたいという想いを込めた。

●ブランド・パーソナリティ

温かく落ち着きがあり、思慮深い。誰にでも分け隔てなく自然体。居心地の良い和やかな空気を纏っている。

　世界観を作る際の、「そのブランドらしいかどうか」の基準。具体的には、ブランドカラー、パッケージ、ネーミングなどのブランドを想起する際の記憶の引き金となる「ブランド要素」をはじめ、意図するブランド・イメージを醸成していくために、どのように伝えていくかの判断軸となる本巣らしさを言語化した。

マーケティングの目標

　移住定住人口の増加、出生率の増加、認知度向上、発信力の向上を目標としていたが、3年目の時点で、「本巣市の真の魅力を理解し、共感してもらえる人たちを増やすこと」を目的に、マーケティング目標は、郷土愛の醸成をはじめ、住民満足度の向上、防災力の向上など中に向けた目標設定に変更した。

4P/4Cマーケティング・ミックス

　地域ブランディングのため、4Pのプライスやプレイスを除き、プロダクトを行政サービスと解釈し、ブランド戦略の具体化を行った。

ブランド要素・ブランド体験

●タグライン

よろこび、ぞくぞく自給持続

　ブランド・アイデンティティを広めるために、みんなが口ずさみたくなるリズミカルな言葉とした。暮らすよろこびがぞくぞく生まれ、続いていく。本巣市と関係す

るすべての人々と主体的になったまちを作りあげ、持続させたいという想いを「自給持続」として表現した。

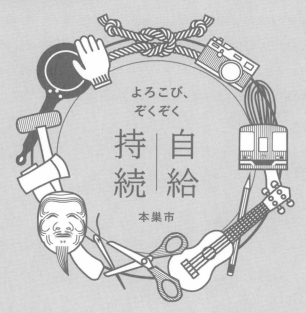

よろこび、
ぞくぞく

持続｜自給

本巣市

●サブコピー

自らの手で暮らしをつくり、生きるよろこび、
暮らすよろこびが、続くまち、本巣。

本巣市が目指すまちづくりや暮らしを表現し、タグライン「よろこび、ぞくぞく
自給持続」を補足するサブコピーを設定した。

●ブランド体験

　ブランディングの目的は、市民との親密で長期的な関係を構築することにあるが、「親密で長期的な関係を構築したい」という論理的なオファーは通用しない。本巣市が何を大切に想い、考えているのか、そこに共感する要素があり、心がつながったと感じたときに、初めてその関係性が始まっていく。伝えるべきは世界観であり、形のない世界観を伝えるときに有効となるブランド・ストーリーを作成した。

暮らしを自給し、
暮らすよろこびが
持続するまち

能郷白山を水源とする、
清流 根尾川。
山の栄養をたっぷり含んだこの地に、
わたしたちは、
色々な花を咲かせ、
果実を実らせてきました。

この自然の恵みを今もなお
わたしたちが受けとれているのは、
雨が降っても、
大地が揺れても、
この場所を大切に想い、
知恵を分かち合って、
暮らしによろこびを
見出してきたから。

仕事、遊び、学び、食にエネルギー。
遠くの誰かに頼るのではなく、
ここにいるみんなで
よい暮らしをつくっていく。

そんな自給力を
みんなで分かち合えば、
暮らしはグッと豊かになり、
たくさんのよろこびが生まれます。

暮らしを自給し、
暮らすよろこびが持続するまち。

いつでも、
ささやかなよろこびを
積み重ねていけますように。

推奨規定・禁止規定

　かねてより行ってきた施策や広報活動を見直すにあたって、「やらなくてい
い」という禁止事項は特にないと判断。ブランド・アイデンティティをより多く含
んだ内容にすることを推奨し、その中で削ったり、逆に新たなコンテンツを増や
したり、どの分野においてもブランド・アイデンティティが、ブラッシュアップを図
る上での基準となった。

チームブランディングの成果

　組織全体がブランド・アイデンティティを軸に考え・動けるようになり、さまざま
な施策を策定する際の判断のよりどころができたことが大きな成果だった。

　また、当初は外側へと向いていた視点が、内向きに変化し、そこで暮らす本
巣市民へ向けたアプローチへとシフトしたことも見逃せない成果の1つ。

　例えば、本巣市のゆるキャラ「もとまる」を活用したプロモーション活動も、か
つてのように遠方のイベントへ積極的に出向くのではなく、本巣市民に喜んで
もらえるようなものを優先するようになった。これらの変化はさまざまな既存施策
にも好影響を与えている。

◆本巣市役所

所在地／岐阜県本巣市文殊324

本巣市役所 職員が、
ホンキになった瞬間

　「地方自治体のブランディング」と聞くと、どうしても観光PRなど外向きのアプローチばかりを考えてしまっていたが、チームブランディングを重ねて課題を深堀りしていけばいくほど、外側に向けていた視点ではなく、内側に向けたものの必要性に気づかされた。

　というのも地域ブランディングにおいて、顧客は外向きというよりは、まさに中の人、つまり「市民」であり、まずはそこに視点を向けなければ地域ブランディングとしての成功はないのではないか——そこに気づけたのがブランディングに着手して2年目のことだった。

　「いかに人を呼び込むか？」という、パイの奪い合い的な視点でブランド戦略を考えていた頃は、参加メンバーの言動にもどこかもやもやした感じが見られたが、視点を内側に向け、「持続可能なまちづくり」へとスイッチしたとたん、全員に納得感が醸成された。このホンキになった瞬間から、ブランディング参加メンバーの目の色が変わり、戦略を進める動きのスピード感が高まった。

"本巣市"の
ブランド・アイデンティティ

暮らしを自給し、
暮らすよろこびが
持続するまち

Case 4 ┃ B to B リニューアル ┃ **株式会社近鉄ロジスティクス・システムズ（東京都品川区）**

物流会社の チームブランディング

　株式会社近鉄ロジスティクス・システムズ（以下KLS）は、2002年10月に親会社である株式会社近鉄エクスプレスから分社化する形で設立された総合ロジスティクス・サービス企業だ。

　高品質なサービスを強みとし、代表取締役・黒田幸治氏をはじめとする経営層の強力なリーダーシップのもと、リーマンショックや東日本大震災などの難局を乗り越えながら成長を遂げ、今や利益率は業界内ではトップレベルに達している。

　一方、そんな設立メンバーの活躍の裏で、課題となっていたのが次世代の経営を担うべき人材の欠如。設立から20年を迎えようとしていたKLSでは、徐々にボードメンバーの入れ替わりを模索していたものの、安心してバトンタッチできるミドル層が育っていないことに気づいたのだ。

　この背景にあったのが、企業理念やスローガンの未整理。KLSでは、さまざまなブランド・ステートメントが表面的には整えられているものの、体系的な整理がされておらず、その解釈は受け取り手によってまちまち。そのため、社員や取引業者を含めて、統一した"思い"や"価値"を共有できていなかったのだ。

そこで、黒田社長をはじめとする経営陣は次世代メンバーへスムーズに承継が図れるように、創立以来更新されていないコーポレートブランドの見直しを決意。大きく変化する時代の中で物流へのニーズも高度化した今日、「今後、KLSがどうあるべきか」について自社が置かれている現状を把握しながら、経営理念やビジョン、スローガンといったブランド・ステートメントを確立することで、自社だけでなく取引業者にとっても拠り所となるような求心力をつけようと考えたのだ。

　とはいうものの、KLSにとってブランディングは未知の領域であり専門家のサポートは不可欠と判断し、ブランディングに豊富な知見を持つBM協会本部コンサルタント・武川憲氏にコンサルティングを依頼。かくして次世代を担う精鋭メンバー12名による"KLSリブランドプロジェクト"と題したチームブランディングがスタートした。

3C分析

　今や単なる物流に留まらないKLSのサービスを、市場において「誰に」「どのような立ち位置で」「どのような方法で」価値提供するべきか。その可能性を発見するために、マクロ分析（PEST分析）とミクロ分析（3C分析）を行った結果、1つの仮説に到達した。

　それは、「将来を見据えて物流システムに先進的な考えや課題意識を抱えているものの、どのように改革を進めていいのかわからず成長戦略を具体化できていない企業に対し、KLSの強みを生かして顧客のビジネスに合わせた柔軟な対応や、IT融合を含めた解決策・情報の提供ができるのではないだろうか」というものだった。

●ビジネスチャンスの仮説検証（3C分析）

自社 KLSのこだわり	顧客 市場環境/ニーズ	競合 競争環境
・全社的お客様志向 ・お客様目線の提案力 ・物流の問題解決 ・柔軟性と機動力 ・グループ戦略（国内外） ・絶対的な品質	・成長スピードにあった提案 ・将来を見据えた先進的ロジスティクス対策 ・経営課題の解決 ・物流知識が豊富 ・サプライチェーンへの対応	・知名度が高い ・全国ネットワーク ・会社の規模が大きい ・同一プラットフォームによる低価格配送 ・価格を売りにしている

●環境分析（クロスSWOT）

クロスSWOTによるビジネスチャンスの仮説検証

	内部環境
【積極攻勢】を考察	**Strength：強み** ・積極的なミドル世代への権限移譲 ・柔軟性と機動力 ・お客様ごとの担当営業（提案力） ・全社的なお客様志向 ・グループ戦略（国内外のサプライチェーン対応）
外部環境 **Opportunity：機会** ・AI、IoT、自動化 ・医療業界の堅調な推移（健康ブーム） ・グローバルネットワーク（サプライチェーンの複雑化） ・Web販売の続伸（通販の拡大） ・物流戦略、ロジスティクスへの関心度 ・ベンチャー企業、外資企業の躍進	**積極攻勢（強み × 機会）** ・経営課題起点の提案力（本業回帰） ・時流に沿った柔軟なロジスティクス対応 ・時流に合わせたITの活用（商流や情流） ・成長スピードに合わせた物流改革案

●市場機会（分析から導き出されたビジネスチャンス）

推測 物流業界では、テクノロジーの発展に伴い、さまざまな面でIT導入による省力化・効率化が進み、単に「安全」に「リーズナブル」の時代は終焉を迎え、サプライチェーン全体効率化のニーズが高まる。

また、企業は単純な奉仕型のモノ売りでは他社との差別化は困難になり、より多くのタッチポイントで企業の魅力発信やよりスピーディーな商品提供が当たり前となる。しかし、人材不足も重なりバリューシステム管理が兼務に追われ本業に回帰できず物流業務に追われている。何とか成長角度を高め発展したいが、その策も本腰が・・・。

仮説 将来を見据え、物流システムに先進的な考えや課題意識を持っているが、どのように改革を進めてよいのか術がわからず成長戦略がなかなか具体化できていない企業に対し、KLSの強みを活かし、お客様のビジネスに合わせた柔軟な対応や、IT融合を含めた解決策・情報を提供できるのではないだろうか。

セグメンテーション

　市場分析によって導き出されたのは仮説の市場が、「将来を見据え、物流システムに先進的な考えや課題意識を持っているが、どのように改革を進めてよいのか術がわからず成長戦略がなかなか具体化できていない企業」というもの。この仮説市場に対して、思い込み(固定観念)や決めつけ(先入観)を排除し、KLSとしてどの市場が勝機として考えられるのかまずは可能性を見出すために、細分化を図った。

ターゲティング

　ターゲットについては特定の業種に絞り込むことなく、幅広く選択することもできたが、まずは自社が得意としノウハウが蓄積している業種を主に絞り込みすることにした。

　その結果、ターゲット企業を「サプライチェーン改革により経営革新を考える成長企業」と設定。また、より具体性を持たせるためにさらに2つのクラスターを設け、柔軟な対応を図ることにした。

●ターゲティング（顧客の属性リスト）

チームによるワークショップでセグメントにより丸印されたもの（＝ターゲティング）を抽出し、まとめたもの。

基本セグメント	
テーマ	項目
企業種類	上場大手　中堅　中小 日系　外資
業種-1	生産財（材料・部品）、 消費財
業種-2	製造業　卸売業 運輸・郵便業
業種-3	情報通信業　医療・福祉業 ・ヘルスケア産業　倉庫業
創業 ・設立	3年以上
従業員数	100人以上
職位	トップ（社長・役員・工場長） ミドル（部長・次長・課長）
職務	財務・経理　営業・販売　生産・購買 物流・ロジスティクス　工場管理
年商規模	30億円以上
事務所 所在地	国内、海外支社、 国内ブランチ（外資）
価値観	革新・改革重視 社会貢献重視
企業文化	お客様志向　社会貢献

固有のセグメント （対象の事業、製品、サービスに直接的に関わるセグメンテーション）	
テーマ	項目
輸送情報	航空便　チャーター便 混載便　自社便
業者 選定方法	1年ごと見直し　2年ごと見直し 特になし　バーター
貨物 の種類	精密機器　医療機器　半導体
輸送場所	国内（小売業者、卸売業者、 一般消費者）
営業時間	9〜18時　2交代制　3交代制　24時間対応 土曜対応可　日曜対応可　祝日対応可
取引先数	100以上
製造（出荷） 拠点	国内・海外（アジアが中心）
製造（出荷） 拠点-2	自社物件　賃貸　業務委託
出荷製品の 平均重量帯	10キロ〜500キロ
出荷製品の 平均価格	10万〜1000万円
契約までに 要する時間	1ケ月〜3ケ月
倉庫	50〜200坪

ポジショニング

　ターゲットから見たKLSが選ばれる独自性を機能的価値と情緒的価値の両面から客観的にマッピング。最大の競合であるA社に比べ、専門性では多少劣るものの提案力に関しては優位。さらには高品質を凌駕する絶対的な品質「絶対品質」においては精密機器や医療機器、半導体で培ったかなり高いレベルでの品質基準がKLSの独自性を際立たせている。

　また、顧客志向（KLSでは「お客様志向」という）においては、期待通りに対応することは当たり前。これまで魅力的で一元的な品質（価値）を提供してきたKLSは、「期待以上の感動さえ感じてもらえるサービス」を提供できる全社的お客様志向が企業文化として定着しているため、ロジスティクスを専門としないサプライチェーン改革で経営効率を図ろうとする成長企業にとっては、経営課題を解決し、本業に回帰できる最高のパートナーとして選ばれ続ける独自性と推測できた。

●ポジショニングマップ

自社がターゲティングした人の「心の中」で、どんな不満を解消し満足に変えてくれるのか。それが、どのような位置を占めているのかを表わす。

識別可能性が高く、好意に思える価値

①「機能的価値」
自社の商品・サービスの
機能的価値に関する独自性

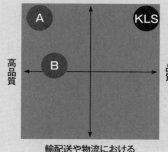

②「情緒的価値」
自社の商品・サービスの
情緒的価値に関する独自性

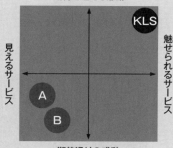

※ロジスティクスとは、物流およびそれらに係る商流（仕入や販売に係る受発注管理）のことを言う。

ただし、近年では情流（物流に係る情報など）や金流（仕入や保管、作業、販売、設備投資などに係る資金など）も含まれるようになった。

KLSは物流ではなく、ロジスティクスで選ばれる会社を目指している。

ブランド・アイデンティティ

KLSの社員は、一様に顧客を「お客様」と呼ぶ。その背景には、KLSがこれまでお客様に寄り添い、彼らの物流を支えながら自分たちも成長してきた、という歩みがある。お客様が求める品質を追求し、かつての物流から領域を拡げたサービスを提供していった結果、いつしかKLSの「品質」を信じ、KLSが創りだす「ロジスティクス」に期待を寄せるお客様だけが集まっていたのだ。

このようにお客様と一緒に育んだ「品質」と、これからも期待を超えて感動を生み出せる「ロジスティクス」を通して、果てしない可能性が拡がる未来へ挑戦し続ける会社と思われたい——そんな想いをブランド・アイデンティティとして整理した結果、後にKLSの中核的な提供価値を表わすKLSバリューとして社内へ浸透することとなった。

「絶対品質」で
期待を超えて 感動を与える
みせるロジスティクス

統合型ロジスティクス・プロバイダーとして、企業横断的サプライチェーンの全体最適化を構築し、お客様・ステークホルダーと共にロジスティクスの新たなる価値を共創しロジスティクスの概念を変革していく

マーケティングの目標

　お客様の顧客が多様化している背景に、その先にいる消費者・生活者ニーズの多様化があり、社会においてもさまざまな問題が発生している。

　具体的には、「気候変動対応としてのCO_2排出削減」や「クリーンエネルギーの利用促進」といったSDGsにも掲げられる自然環境問題や、製造現場で強く求められる「責任ある調達の推進」といったものだ。これらの課題はロジスティクス企業1社の努力だけで解決することは難しく、お客様やお客様の顧客とも連携し、サプライチェーン全体を俯瞰し、新しい価値を共創する時代に突入している。

　このような時代背景を受けて、KLSはロジスティクス・サービスを通して「持続可能な社会」づくりに貢献し、真に豊かな社会の実現を目指すためにも、社会課題を起点に幅広いサービスの創造をしていくことが不可欠。これを受けて、お客様と一緒に課題解決に取り組みながら新しい価値概念を創造し、ロジスティクスという概念そのものの変革に向けて挑戦していくこととした。

4P/4Cマーケティング・ミックス

マーケティング・ミックスにおけるサービス提供においては、お客様のニーズの発生する時間軸並びに空間軸を意識して立体的に設計している。

具体的には"みせる"をキーワードに、5つの漢字に変換。お客様がロジスティクスにおける悩みや困りごとを楽しく解決・解消していく仕組みがこの5つの"みせる"を連環させることで仕上がるように設計した。また、その提供品質を期待以上に、感動を与えるためにも「絶対品質」と称し、経営層から作業現場まで細分化された挑戦項目を制定。これは、お客様への約束でもあり、KLSがこれまで成長してきた礎を革新していく第一歩でもある。

チームブランディングの成果

実は、このプロジェクトを実施するまでKLSの社員は、「ブランド」と聞いて、高級ブランドをイメージする人もいるなどブランディングに関する知識をほとんど持っていなかった。したがって、本件はブランディングを行うために必要な最低限の共通言語さえ持たない文字通りゼロからのスタートだった。

そのため、当プロジェクトの開始に際しては、参加メンバー全員でブランドに関する基礎知識を習得することからスタート。これにより、すべての参加メンバーが自らの考えを明確に言語化し、共通のゴールに向かう建設的な議論を行うことができた。

　自らの考えを主張する一方、他者の考えを受け止め、それを咀嚼する——このような取り組みを繰り返すことで、参加メンバーの意識も徐々に変化。かつては何事も"会社事"としていた意識が自分事になり、あらゆる言動に主体性が芽生えてきた。

　事実、参加メンバーたちは「本プロジェクトを通して明らかになったKLSの課題を自らの手で解決したい」と現経営陣に直訴。早くも新たなプロジェクトが発足している。このような大きな意識の変化こそ、本プロジェクトにおける最大の成果だったと言えるだろう。

◆株式会社近鉄ロジスティクス・システムズ

所在地／東京都品川区八潮3-2-31

近鉄ロジスティクス・システムズ の社員が、
ホンキになった瞬間

参加メンバーはこれまでほとんど経験のなかった経営やマーケティング理論を用い、普段使わない頭脳をフル稼働しながら汗をかき、葛藤しながらチームブランディングに挑戦。なんとか形にしたブランド・アイデンティティを役員へプレゼンしたが、待っていたのは厳しいダメ出しだった。「本当に自分たちにできるのだろうか？」と悲観的な雰囲気になるも、一部のメンバーから「とにかくやり抜こう」という前向きな意見が出はじめた。

そこから、難解なブランディング用語を使うあまり、本質を見失っていた部分をもう一度見直し、お客様が価値と感じられるKLSの独自性を再度見直し、これまでのステップを逆戻りしながら確認作業を遂行。やがて、ブランド・アイデンティティが誕生し、その瞬間こそがメンバーをホンキにさせた瞬間であった。

それは、「こんな会社に思われたらワクワクするだろうな」、「いや、私たちがそう変えていけばいいんだよ」と、すべてのメンバーが確信を持てた瞬間でもあり、期待が不安を上回った本チームブランディングのクライマックスだった。

"近鉄ロジスティクス・システムズ"の ブランド・アイデンティティ

「絶対品質」で 期待を超えて感動を与える みせるロジスティクス

Case 5 | **B to C 新規プロジェクト** | **イエステージ・グループ（和歌山県和歌山市）**

新規分譲地の
チームブランディング

　大手デベロッパーが行う大規模な土地開発とは異なり、地方の不動産会社が行う宅地分譲開発は未だ「土地を切り売りして終わり」という旧態依然としたスタイルが否めない。その結果が生み出すのは、計画性のない街並みとつながりが希薄なコミュニティだ。

　そのような中、美しい街並みと発災時に助け合えるコミュニティ形成にまで踏み込んだ分譲地開発のブランディングを紹介したい。

　和歌山県和歌山市に本社を構える株式会社イエステージは2009年3月に設立後、堅調に事業を拡大させ、現在では宅地分譲開発事業を行うイエステージ、不動産仲介事業を行うイエステージ・kai（カイ）、ガーデン・エクステリア事業を行うマチデコラボを展開し、グループとして業績を伸ばし続けている。

　中でも宅地分譲開発事業は和田靜佳社長のもと、「植樹条件付き分譲」や街全体を快適な住環境にするための「ガーデン・エクステリア協定付き分譲」など、明確なブランドコンセプトを打ち立て、まちづくりカンパニーとして地元で注目を浴びている。

今回、新たな分譲プロジェクトが立ち上がることになっていたが、立地や諸条件が前分譲地と似ていたため、当初はコンセプトを踏襲しようかと考えていた。

　しかし、同時期にイエステージがグループ全体を【まちづくり・ヒトづくりカンパニー】として新たな成長イメージを掲げた中で、地元和歌山での街づくりのイメージをアップデートする必要を感じた。

　そこで、新規分譲地のコンセプトとグループ全体の組織力強化を目的とし、BM協会のトレーナーである渡部直樹氏（エイドデザイン代表）にコンサルティングを依頼した。

　このプロジェクトでは、ランドスケープや建物にも関与した総合的な街づくりを視野に入れていたため、エクステリアCADソフトのトップメーカーである株式会社ユニマットリックの空間デザイン部門に協力を仰ぎ、これまでのコンセプトをさらに飛躍させる分譲地開発に取り組んだ。

　立地や諸条件が似ている土地に、どのような価値付けを行い、新しいブランドを構築していったのか紹介しよう。

今回ブランド構築する分譲地開発は、建築基準法やその他関連法令などで定められた範囲で進めなくてはいけない。また、分譲地内に作る公園は最終的に地元自治体への寄附となるため、その後管理していく行政との連携も必要となる。つまり制限と現実的な落とし所があるということだ。

そのため、グループ全体でアイデアを拡散させるフェーズとプロジェクトチーム（社長・開発責任者・法務担当・エクステリア担当）で実現可能なアイデアかを見極める2つのフェーズを交互に繰り返しながら進めた。

3C分析

まずは現状把握として、競合、顧客、自社の分析に取り組んだ。

競合は近隣分譲地を6カ所分析し、さらに区画数や土地面積などさまざまな角度から比較した上で販売条件がより近い3カ所に絞り込んだ。

この分析で鮮明になったのは、学区などの生活条件が同じで価格差が少ない近隣分譲地とは機能的な価値だけでは差別化がしづらいという点だった。

これによりグループ内に「独自性のあるブランドコンセプト（ブランド・アイデンティティ）が必要だ」という認識が強化された。

次に顧客の顕在ニーズと潜在ニーズを分析した結果、「家族が安心・安全に暮らせる環境」「感性と価値観が合った安らげるコミュニティ」「次世代につなげる資産価値」という３つに集約させることができた。

自社の強みはこれまでのプロジェクトで培った「価値観の近い人を集めるコンセプト設計力」、逆に弱みは「分譲地独自のルール（建築協定）を定めるための経験に乏しい」ことであった。分譲地独自のルール制定は分譲地のコンセプトを永続的に守るために必要不可欠な要素のため、スタート段階で弱みが明確になったことはブランドを構築する上でむしろプラスに働いた。

建築協定は外部パートナーから必要なリソースの提供を受け、法務担当が行政との話し合いを重ねた結果、完全な状態にまとめることができた。

分譲地の強みは機能面から分析したが、いずれも近隣分譲地にも当てはまるものばかりで差別化ポイントにはなり得なかった。そのため、分析した顧客の潜在ニーズの中で自社が提供可能な独自性のある価値付けを考えた。

そのときに出たのが【災害時でも安心できる街】【未来につながる美しい街並み】【協調性のある良質なコミュニティ】という情緒的なキーワードだった。

セグメンテーション

　分譲地は夫婦で購入を検討されるケースが大多数のため、より詳細なイメージを共有できるよう、セグメンテーションは夫と妻それぞれで設定した。このとき重要視したのはリアリティだ。

　「こういう人たちに住んで欲しい」というまだ見ぬ顧客をイメージすることも大切だが、プロジェクトの最初のゴールは分譲地の販売である。

　そのため「職業」「年収」「貯蓄」などのデモグラフィックや「現在の居住地」などのジオグラフィックのセグメンテーションでは、想像に偏らず現実的なジャッジのできる営業部門の意見をベースに進めた。それと同時に土地購入に際して家族の中で誰が購入の決定権を持っているかという「家族の力関係」などの目には見えない要素も加えた。

　また、市場機会を具体化させた際「協調性のある良質なコミュニティ」というキーワードが出ていたため、サイコグラフィックのセグメンテーションでは「性格」「価値観」「趣味」「服装」「好きなブランド」「好きな家のデザイン」など、あらゆる角度から光を当て、価値観や感性を深掘りするテーマ出しを念入りに行った。

　理由は見知らぬ者同士が集まり、新しいコミュニティを作るためには、元々持っている価値観や感性が大きな影響を及ぼすと考えたからだ。

● ペルソナ

名 前(仮名)：栗栖　翔太（35歳）／愛（32歳）／陽葵（娘・4歳）
和歌山市東部在住
ハイツ（2LDK）

世 帯 収 入：600万円

購 入 予 算：3,500万円±300万円(土地＋建物)

趣　　　　味：（夫）音楽、アウトドア、スポーツ
（妻）女子会ランチ、ショッピング、インスタ

性　　　　格：（夫）優しくおおらかで開放的、でも意外と几帳面
（妻）真面目で几帳面

価　値　観：（夫）協調性と思いやりを大切にしている・デザイン好き
（妻）家族優先・見た目より中身を重視

■夫婦が普段の生活で感じている不満や不安

＜夫＞部屋が手狭なので趣味の収納スペースが少ない
交通の便が悪く、職場まで遠い／自分の部屋がない

＜妻＞家賃がもったいない／実家が遠い／家が狭く、子ども部屋がない
収納スペースが足りない／隣の生活音が気になる（自分も含め）

ポジショニング

　まず機能的価値はタテ軸に「統一感のある街（建築協定※1付き）」、ヨコ軸に「建築条件※2なし分譲地」とし、好きな住宅会社で建てられながらも、街並みとしての美しさは担保されるというポジションを取った。

　次に差異化につながる情緒的価値は、タテ軸に「街並みがおしゃれ」、ヨコ軸に「いざという時に助け合えるご近所力」とし、お庭を含めたランドスケープデザインと防災コミュニティ形成というポジションに狙いを定めた。

　またポジショニングではないが、このプロジェクトを機にSDGsの11番目の目標をグループとして掲げ、行政ではなく自分たち民間が主導して街づくりを行うという意識をチーム内で共有した。

　人口減少や少子高齢化が進む和歌山のような地方都市では、このような社会的価値を掲げることはブランド価値を高めることにもつながるが、イエステージが目指したのは「自分たちは社会的に価値ある仕事（街づくり）をしている」という自信と誇りを全社員に持ってもらうためだった。

※1（建築協定）…土地所有者等同士が建築物の基準に関する一種の契約を締結するときに、公的主体（特定行政庁）がこれを認可することにより、契約に通常の契約には発生しない第三者効（契約当事者以外の第三者が当該契約の目的となっている土地等を取得したときに、当該第三者をも拘束する効力）を付与して、その安定性・永続性を保証し、住民発意による良好な環境のまちづくりを促進しようとする制度。(国土交通省HPより抜粋)

※2（建築条件）…一定期間内に指定した建設業者で家を建てるという条件がついた土地。

お庭を含めたランドスケープとコミュニティが育まれる仕掛けをパッケージングした分譲地

栗 …リンク・リング・タウン栗栖 　**Ⓑ** …近隣分譲地（B社）
Ⓐ …近隣分譲地（A社） 　**Ⓒ** …近隣分譲地（C社）

【機能的価値に関する独自性】

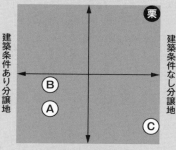

統一感のある街（建築協定付き）

建築条件あり分譲地 ← → 建築条件なし分譲地

統一感のない街（建築協定なし）

【情緒的価値に関する独自性】

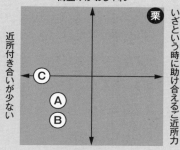

街並みがおしゃれ

近所付き合いが少ない ← → いざという時に助け合えるご近所力

無機質な街並み

SUSTAINABLE DEVELOPMENT GOALS

11 住み続けられるまちづくりを

イエステージ・グループは持続可能な開発目標（SDGs）を支援しています。

ブランド・アイデンティティ

■ブランド・アイデンティティ

あそぶ・たのしむ・つながる　セーフティーな街

　ペルソナで設定した「協調性があり、おしゃれにこだわりのある夫婦」が

この分譲プロジェクトに期待していることを次の7つに絞り込んだ。

○ 津波の被害に遭いにくい立地

○ 交通量が少なく、静かで子育てしやすい環境

○ 建築条件なしで好きな家を建てられる

○ 家族でゆったりと過ごせる快適なお庭

○ おしゃれな街並み

○ 感性や価値観が近いご近所さん

○ 市街中心部へのアクセス、整った生活環境

次に、競合他社より優れた能力を3つに集約させた。

○ 街並み形成にまで踏み込んだ分譲実績

○ 心を豊かにするデザインされたお庭の提案力

○ 感性と価値観の近い人を集めるコンセプト設計力

その上で、まちづくり・ヒトづくりカンパニーを目指すイエステージが提供したい独自の価値を考えた。

◯ **デザインされたランドスケープ**

◯ **建築協定による変わらない美しい街並み**

◯ **防災コミュニティ作りの仕掛け**

これらを重ね合わせてブランド・アイデンティティの作成へ進めたが、話し合いを重ねる中で、「防災というキーワードは堅い」「緊張感がありすぎる」というマイナスの意見が出てきた。

その打開案として「心理的にハードルが低いアウトドアから始めればいい」「アウトドアで遊びながら防災知識が学べると家族でも楽しめる」という発想につながった。

その後、発災時に役立つアウトドアのイベントを分譲地の住民たちを集めて行うことで、いざというときに自然と助け合えるコミュニティ形成につながるのでは、という仮説にたどり着くことができた。

それらのプロセスを経て**「あそぶ・たのしむ・つながる　セーフティーな街」**というブランド・アイデンティティが完成した。

アウトドアから防災へアプローチするというこれまでの分譲プロジェクトから飛躍した新しいコンセプトが誕生した瞬間だ。

マーケティングの目標

マーケティングの目標は全15区画の販売。2021年から10区画を販売し、2022年からは5区画を予定している。

単に土地を販売するのではなく、プロジェクトのコンセプトに共感していただいた方に販売するのが真の目標と言える。

また、ブランディングの目標は、美しい街並みと防災コミュニティを形成することが最終的なゴールとなるため、全15区画の販売を完了してからが本当の意味でのプロジェクトのスタートとなる。

ブランド要素・ブランド体験

■ ロゴ・ブランド名

　今回のプロジェクトは前分譲地のシリーズ展開だったため、ロゴやブランド名はそのまま引き継ぎ、コンセプトと分譲地名を変更した。

あそぶ・たのしむ・つながる セーフティーな街
リンク・リング・タウン栗栖

※ロゴマークデザイン：UNIIDEO株式会社

■ パンフレット

　分譲地のコンセプトを伝えるためのパンフレット。ブランドコンセプトをIdea × Design × Community という３つの切り口で説明。

■ プロモーション動画

　通常の土地販売であれば現地見学だけでいいが、今回はまだ完成していない街並みとコンセプトを情緒的に感じてもらう必要があった。そのため用途に応じた動画を制作した。

プロジェクトの概要を伝えるためのコンセプトムービー。

※アニメーション協力：株式会社ユニマットリック 空間デザイン事業部

　（1分42秒）

コンセプトムービーで共感いただいた方に向けた街並み紹介動画。ナレーションを加えて、さらにコンセプトを深掘りして伝えている。

　（3分8秒）

プロジェクトへの思いや分譲開発の歴史を代表が語るインタビュー動画。必要な部分だけを見られるよう、ヒストリー編と概要編に分けている。

　ヒストリー編（13分7秒）
概要編（13分5秒）

■ 個別の趣旨説明会

　分譲地のコンセプトの1つである「適度な距離感のある心地よいコミュニティ」を成立させるためには、コンセプトに共感してくれる方だけに購入していただく必要がある。そのため、契約前に各担当（開発責任者・法務担当・エクステリア担当）からコンセプトの詳細を説明する機会を設けた。

■コミュニティ形成のためのイベント

　コミュニティ形成を促進するため、屋外のイベントスペースを用意した。ここに分譲地の住民を招き、四季を通じた野菜づくりやテーマ性のあるバーベキュー講座など、発災時にも役立つようなアウトドアイベントを開催した。

　このようなイベントを定期的に開催し、分譲地の住民同士がコミュニケーションを図れる場として機能させることで、いざというときに助け合えるコミュニティ形成につなげていく。

※販売を開始した2021年はコロナ禍のため、対面でのイベントは見合わせている。

チームブランディングの成果

　「今のプロジェクトは次のプロジェクトのため」イエステージ・グループ
代表の和田氏は常に未来を見据えている。

　今回のチームブランディングの成果を尋ねると、代表からはそのような文
脈で答えが返ってきた。

　「一番の成果はいま企画している新たなプロジェクトで、分譲開発の担当
スタッフが率先して社内へのアイデア出しを提案してくれたことです。しか
もそれを受けたスタッフ全員がじっくりと考えた上で面白そうなアイデアを
次々と発表してくれました。また、担当スタッフがそれらの意見を受け容れ
て、プロジェクトへの意欲をみせてくれたことが何より嬉しく思っています」

　イエステージのような前向きな社員の多い会社であれば一見すると普通
に思える光景だが、こと分譲開発に関しては珍しい。

　なぜなら分譲開発は法的な制限が多く、他社がやっていない新しいことに
チャレンジすると問題が発生するリスクが高まるからだ。発生時は小さな問
題でも、後の大きなトラブルに発展することも考えられる。そのため、これ
までは問題を最小化することに目を向ける傾向があった。

　また、過去のプロジェクトでは代表が大枠でアウトラインを描き、全社で
の討議を通じて詳細を詰めていくケースが多かった。

しかし、このプロジェクトから開発責任者を中心にして、全スタッフが自発的に動く組織に成長したことにチームブランディングの成果を実感しているという。

　代表が最後に語った言葉がイエステージというブランドを象徴している。「本当の意味での一番の成果は、スタッフが仕事を楽しんでくれていること。経営者としては、もうここに尽きますね」

◆株式会社イエステージ

所在地／和歌山県和歌山市和田310-4

イエステージ・グループ＜屋外イベントスペースにて＞

イエステージ・グループ の社員が、
ホンキになった瞬間

　イエステージがブランド構築に取り組むのは今回が初めてではない。これまでも主要な分譲プロジェクトで行ってきた。

　ただ、今回が過去のブランド構築と異なるのは、市場機会とブランド・アイデンティティを自分たちで決めるという点だった。

　階段を昇るように進める協会のフレームワーク。行きつ戻りつできるものの、決めた前提条件を誤るとその後のステップがすべてズレてしまう。ワークが進むにつれ、社員の緊張感は高まっていった。

　そんな中、ホンキになった瞬間は市場機会を決めるときに訪れた。

　それまでは順調に進んでいたが、市場機会をなかなか決めきれなかったのだ。なぜなら、市場機会を決めることは「自分たちイエステージは、本当にそこに踏み込めるのか？」という覚悟が問われることと同義だと全員わかっていたからだ。

　それはブランド・アイデンティティを決めるときも同様であった。

　代表から「私たちはブランド・アイデンティティ通りの価値を顧客に提供できるのか」と問われたとき、プロジェクトメンバーの目の色が変わった。"決める"というフェーズを信頼して任せることが、社員の本気度を高める要因になったことは間違いないだろう。

"リンク・リング・タウン栗栖"の
ブランド・アイデンティティ

あそぶ・たのしむ・つながる
セーフティーな街

Part
5

チームブランディング
実践後は、
何が起きたか？

チームブランディング実施企業の現在地
～ 2015 - 2022 ～

これから紹介するのは、2015年にそれぞれが自らの価値を明らかにし組織として生まれ変わるために取り組んだ数々のチームブランディング事例。ある組織は「永続的な経営基盤を構築するため」に、また、ある組織は「新店舗を開店するため」に…自らの価値を自らの手で探求していったのは本書で紹介した通りだ。

時は流れて2020年、それぞれが上昇気流に乗った最中に待ち受けていたのが、誰もが予想していなかったコロナ禍をはじめとする時流に伴うさまざまな変化だった。

営業自粛や人数制限など、BtoC企業を中心に厳しい試練と直面する中で彼らがとった行動はさまざまだが、1つ共通して言えるのは彼らが適切な危機対応策を速やかに実行したことだろう。

この背景にはかつてチームブランディングを通して培った、ブランド・アイデンティティを屋台骨とした強固なステートメントがあったのは疑いの余地はない。自らの取るべき行動が明文化された"ブランド企業（組織）"は、いかなる状況に陥っても自らの進むべき道を間違わないのだ。

さまざまな変化や危機を乗り越えてチームブランディングが持つ力が浮き彫りにしたこれらの事例は、先行きが見通せない時代へ挑む読者へ大きな示唆と勇気を与えてくれるはずだ。

Case 1 **B to C リニューアル** 美容室 りんごの木（長野県長野市）

美容室の
チームブランディング

ブランディングで培った力で、
長野の地へたくましく根を張りつづける

　業種・業態を問わず多くの企業が掲げる経営理念。しかし、そこで働く1人ひ
とりのスタッフまで落とし込まれているケースは多くない。とりわけサービスが
「個」に依存しがちな美容室などは、その傾向が顕著。接客という目の前の業
務に追われるあまり、その本質にある顧客に提供すべき本当の価値を見失い
がちだからだ。

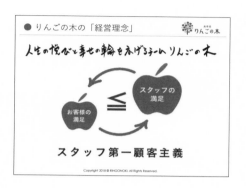

● りんごの木の「経営理念」

人生の悦びと幸せの輪を広げるチームりんごの木

スタッフの満足 ≧ お客様の満足

スタッフ第一顧客主義

Copyright 2018 © RINGONOKI All Rights Reserved.

長野県長野市と須坂市で展開する美容室チェーン「りんごの木」もそんな、「顧客へ提供する共通価値の欠如」のために、社員のモチベーションなどに課題を抱えていた企業の1つ。1975年創業の老舗であり、ES（従業員満足）をベースに高いCS（顧客満足）を目指してきたりんごの木だったが、「お客様のために」を社訓として掲げていたものの、「お客様のために"何を"」の部分は1人ひとりの社員の解釈に委ねられていた。

　そこで2009年、7店舗目となる「りんごの木セントラル」のオープンに際して、より強いチームとして生まれ変わるために、チームブランディングをスタートさせた。

　3C分析で競合、顧客、自社の分析を進めた後、セグメンテーション＆ターゲティングでは、地理的特性や統計的特性、心理的特性という3つの特性をベースに連想マップなどを交えながら、徐々に顧客イメージを形成。

　その後、「自店はどういう店でありたいか？」という話し合いの中で、「店の中の非日常だけでなく、お客様の日常もずっとサポートする店にしたい」という共通の想いが芽生え、ブランド・アイデンティティとして結実した。

●ブランド・アイデンティティ

生活の中の
楽しみを創る美容室

　このブランド・アイデンティティを受けて、りんごの木では、ブランド要素・ブランド体験を策定。店舗の外装・内装をはじめ、BGMやチラシ、ホームページ、ブログ、名刺といった細部に至るツール類はもとより、重要なブランド体験の1つである接客においてもコンセプトを体現するために、3人1組になったロールプレイングを実施した。

　2009年10月、このような取り組みを経てオープンした「美容室りんごの木セントラル」は、開店から半年を待たずに8割のスタイリストが個人売上で120%を超えるなど、順調なスタートを切ったのである。

8つのステップからブランド構築とチームビルディングを同時に行う
「チームブランディング」に取り組んだ

美容室りんごの木セントラル の社員が、

ホンキになった瞬間

　新規店舗をオープンさせるためには、ここに記された「ブランド構築ステップ」以外にも、実際、やるべきことは多い。新店のメンバー全員が関わって進めていくため、さまざまなことに時間がかかり、キックオフミーティングから2ヵ月ほど経った時点で、疲労はピークに達していた。ここで、それまで取り組んできたことを振り返ることにした。1つひとつを振り返るにつれ、点が線になる。

　自分たちがめざす店の方向性がはっきりと見えていき、後にブランド・アイデンティティの原型となるキーワードも自然と出てきた。ここに至り、全員の意識が1つとなり、本格的にスイッチが入ったのである。

■ 創業40周年を機にコーポレートブランディングを実施

　かくして美容室りんごの木セントラルのチームブランディングを達成したりんごの木では、2015年、創業40周年を迎えるにあたり、新たに「株式会社りんごの木」全社を挙げての取り組みとして、コーポレートブランディングに着手した。

　この背景には、それまで長野市・須坂市を中心に高い知名度を得てはいたものの、競合との差別化につながる「りんごの木ならではの価値」を明確化できていなかった、という長年の課題があった。

　そこでりんごの木ではこの課題を解決すべく、コーポレートメッセージやブランド・アイデンティティの開発、さらには20年間親しまれてきたロゴマークをはじめとするブランド要素の一新までを見据えたリブランディングを敢行した。

　コーポレートメッセージとブランド・アイデンティティの開発に際しては、従業員10人へのインタビューや、80人以上におよぶ新規・既存客へのアンケートを実施。普段りんごの木で働くスタッフと、彼らのサービスを受ける顧客──つまり、りんごの木という美容室の「中」と「外」の双方が感じているリアルな言葉から、メッセージのエッセンスとなるキーワードをつむぎ出していった。

　このような地道な取り組みを経て、徐々にそれまで言語化されることのなかった、“りんごの木らしさ”を浮かび上がらせることに成功。これらをもとに、3C分析・PEST分析などを経て「あなたの人生を、髪から美しく。」というコーポレートメッセージと、「人生を美しくする美容室」というブランド・アイデンティティが誕生した。

〈コーポレートメッセージ〉

あなたの人生を、髪から美しく。

〈ブランド・アイデンティティ〉

人生を美しくする美容室

　ブランディングの柱となるステートメントを固めたりんごの木では、続いて新たなコーポレートメッセージとブランド・アイデンティティにふさわしいロゴ、マーク、キービジュアルなどの開発に着手した。

　数十にも上るデザイン案から選ばれ、ブラッシュアップを重ねたロゴマークは、技術力や安心感を象徴する「ハサミ」で表現した木の幹に、顧客と従業員の"想い"を表わすたくさんの「葉」をあしらうことで、ひと目で美容室と認識できるだけでなく、そこに集まる人々の温かみまでもが感じられる意匠に生まれ変わった。

美容室
りんごの木

ロゴマーク／ロゴタイプ。
細部にいたるまで
ブラッシュアップが行われた

コーポレートメッセージとロゴ、
キービジュアルを配した店内ポスター

一方、キービジュアルについて、コーポレートメッセージに含まれる「人生」というキーワードから、親子3〜4世代をフィーチャーすることが決定。

いずれも正面に背中を向けた家族の写真を大胆にレイアウトすることで、りんごの木が提供する高い美容技術と、それを享受することで人生を謳歌する人々（顧客）の姿を象徴的に伝えている。

この他にもホームページのフルリニューアルや、YouTubeを用いた動画コンテンツの配信など、さまざまな取り組みを通して新たなりんごの木像を浸透。それまで伝えられなかった、りんごの木ならではの価値を打ち出すことに成功している。

■ 新型コロナウイルス禍でも、ブレずに経営

2020年に突如として発生し、多くの企業・店舗に甚大な被害をもたらし、現在もなお影響を与え続ける新型コロナウイルスの流行。マスクの着用やソーシャルディスタンスの確保など人々の行動が大きく制限される中、接客を伴う美容院というビジネスを展開するりんごの木は、ブランディングで培った強じんな組織力を生かし、この難局を乗り切ろうとしている。

とりわけ、2020年4月からの全国的な緊急事態宣言下の経営は、ブランド

店舗では入り口に自動消毒液噴霧器を
設置するなど、徹底した感染症対策が
行われている

企業ならではだ。

　当初、1日に数人しかない来客を
受けて、りんごの木でも一時は臨時
の休業を考えたという。しかし、そんな
状況下においても来店してくれた
お客様の「美容院って、こんなにも
気分を変えてくれる場所なんですね」など、喜びの声を受けて、1人ひとりのス
タッフが改めて自分たちが提供している価値の大きさを再認識。そこから、手指
の消毒やソーシャルディスタンスをはじめとする厚生労働省が定める感染症対策
を徹底することで営業を継続しつづけ、最終的に1日も臨時休業することなく
無事に乗り切ることに成功したのだ。

　なお、多くの企業や店舗が売上の減少に応じて、人件費のカットや場合に
よっては解雇をも余儀なくされる中、りんごの木では社員に対してコロナウイルス
が流行する前の3か月平均給与額を100%保証。このあたりの取り組みも、「ES
（従業員満足）あってのCS（顧客満足）」を標ぼうするりんごの木ならではだろう。

■ りんごの木が大きく年輪を重ねていくために

　ここ数年、新型コロナウイルスによる生活習慣の変化といった直近の課題
や、少子高齢化による日本全体の人口減少といった諸問題を前にして、りんご
の木の代表・島田氏が自らに問い続けているテーマが「お客様に、りんごの木

のどんなところに対して価値を感じてもらうのか？」というものだ。

世の中にあるたくさんの美容室がそれぞれ独自の価値を届けようとしている中で、りんごの木ならではの価値とは何なのか。そこを追求し続けることこそ、この先何十年にわたって、りんごの木が続いていくためには不可欠だという。

ちなみに、2015年の創業40周年リブランディングを受けて、りんごの木では新たに「あなたの人生を、髪から美しく。」というコーポレートスローガンを策定したが、時代とともにその解釈をアップデート。今後は「お客様の人生を美しくする」ことに邁進しつつも、それだけでなく「お客様が想像していなかった新たな価値を提供していく」ことにも注力していこうとしている。

この流れの中で特に力を入れているのが、新サービスの開発・提供だ。

りんごの木では2015年のリブランディングに際して商品力を強化したが、今後は新たなサービスの開発も積極的に推進。カット、パーマ、カラーといった美容院としてのスタンダードなメニューだけでなく、LINEを活用した予約サービスやコミュニケーション、WEBマガジンによる美容情報の発信のような新たなサービスの提供も視野に入れている。

さまざまな風雨にさらされながらも、なお長野の地に太く深く根を張りつづける「りんごの木」が、今後どのように年輪を重ねていくのか。それはチームブランディングが持つ底知れない力を示す1つのモデルケースとなるはずだ。

ブランド・アイデンティティ

人生を美しくする美容室

46周年を祝うりんごの木スタッフ一同。
コロナ禍においてなお、そのモチベーションは高い

Case 2 | **B to C リニューアル** | 上諏訪温泉しんゆ（長野県諏訪市）

温泉旅館の
チームブランディング

持続可能な事業展開に向けたブランドの創造から、
コロナ禍での苦悩、そして未来。

赤字旅館の買い取りから、ブランディングによって人気旅館へと再生

　「御神渡り」で知られる諏訪湖を目の前に抱く、長野県諏訪市にある上諏訪温泉「しんゆ」。現在でこそ9割という高い稼働率を誇り、全国からリピーターが訪れる地域屈指の人気宿となったこの旅館も、かつては稼働率3割の赤字旅館に過ぎなかった。

　そんな赤字旅館を2010年、地元信用金庫からの要請で買い取ったのが、同じく長野県の蓼科高原で別の温泉旅館を経営していた現代表の柳澤幸輝氏。諏訪湖に面する恵まれたロケーションと「自家源泉の温泉」に可能性を感じた柳澤氏は、「10年後に向けて持続可能な事業を展開したい」という思いから、明確なブランドコンセプトに基づいた経営の立て直しを決断。2010年10月、旅館施設のリニューアルと並行したブランディングがスタートした。

ブランディングにより持続可能な事業の土台が完成

　競合との比較から、相対的に有意な自社の独自性を築ける立ち位置はどこかを見つけるポジショニングでは「しんゆ」を「高級旅館のクオリティを保ち、独自のコンセプト（癒し・神秘）を持つ宿」と定義。これに導き出されたブランド・ステートメントは次の通り。

●ブランド・アイデンティティ

> ### 神秘なる諏訪湖に心癒される宿。

　諏訪湖のほとりでゆっくりとした時間をすごしてもらいたい。諏訪大社などの寺社に囲まれ、古来神秘的なパワーが集まる場所として知られる諏訪湖の独自性に着目。そのような地理的、歴史的背景からブランド・アイデンティティを導いた。

●ブランド・プロミス

> ・ 変化（時間、四季）する諏訪湖の
> 　神秘的（非日常的）な美しさ
> ・ 若返れる温泉と、心の癒しを感じさせる食と空間
> ・ 心の癒しを感じさせるおもてなしとサービス
> 　（接客、メニュープラン）

　これらのブランド・ステートメントを軸に遂行されたブランディングによって、2011年4月のリニューアルオープンからわずか6か月で、稼働率9割という驚異のV字回復に成功。またこの背景には、本プロジェクトを通して自社の理念・提供価値等を明確化し、社員に対して共有・浸透させるインターナル・ブランディングが大きく寄与していた。

<u>上諏訪温泉しんゆ</u> の社員が、
ホンキになった瞬間

　当初、ブランディングは経営陣主導で行われていたため、途中参加のスタッフは戸惑いもあった。しかし、ミーティングを重ねていくうちに一部のマネージャーより「しんゆらしさ」として自社ブランドの価値観と具体的な行動を結び付けたキラリと光る提案が見受けられるようになる。ミーティング最終日には、「経営者がこれだけ考えて環境を作ってくれたのかと、感謝の気持ちでいっぱいになった。このスタッフ達としんゆで働けることを誇りに思う」といった涙の感想発表があった。この瞬間が、全員の意識が1つとなり、ホンキスイッチが入った瞬間だった。

■ 社内へブランド浸透の徹底

　ブランド・ステートメントには、社員たちが自ら練り上げた行動の推奨規定・禁止規定が盛り込まれている。「しんゆ」では、「社員方針＆方策手帳」にブランド・ステートメントの内容が記載され、常に全社員が携帯し実行指針とすることで、社内にブランドの浸透を図った。手帳には、評価基準も明確に記載されている。

　インターナル・ブランディングの開始から2年ほど経った頃、社員同士の日常の会話に自分たちの行動がブランドに合っているか、ということが話されるようになった。柳澤氏は、代表である自分がいない場所で、こういう会話がされるようになったとき、社内へのブランド浸透を実感したという。

ブランド・ステートメントが盛り込まれている
「社員方針＆方策手帳」

客観的評価としても、インターネット上の顧客レビューに接客の満足度が高いコメントが多い。その客観的評価を実証する例として、旅行口コミウェブサイトとして世界最大の閲覧数を持つ「トリップアドバイザー」では、「しんゆ」は諏訪市の人気ホテル／旅館の1位を獲得している（2021年12月23日現在）。他に、「楽天トラベルアワード」の受賞歴と回数が挙げられる。「楽天トラベルアワード」とは、楽天トラベルの宿泊申し込みで顕著な実績を収め、顧客から高い評価を得た宿泊施設を表彰するものである。「しんゆ」は楽天トラベルアワードを、2013年に受賞した後、さらに2017年から連続5年受賞している。コロナ禍による影響を受けながらも2020年も受賞に至っている。

全社員が常に携帯し、
あらゆる行動の指針となっている

■ 新型コロナウイルスの流行により売上が激減

ブランディングを伴うリニューアル以降、安定した経営を続けていた「しんゆ」に激震が走ったのが2020年2月のこと。中国・武漢に端を発する新型コロナウイルスの世界的流行によって、周辺旅館・ホテルの宿泊客が激減するという事態に見舞われたのだ。それまで順調だった売上も、全国的な緊急事態宣言の発出に伴い軒並みダウン。2020年5月にいたっては昨対比5％という経営基盤を揺るがしかねないものになってしまう。

いかにして生き残るか──。そのとき、柳澤氏が自らに課した行動が「（コロナ禍を）正しく恐れる」というもの。刻一刻と変化する状況に対して、近視眼的に対応するのではなく、ブランディングで確立した自らのブランド・ステートメントに立脚して行動しようとしたのだ。

■ ハイレベルな衛生消毒プログラムをスピード構築し、
　安心安全のブランドも付加

固定費や売上計画を見直す一方で、現状を打破する新たな取り組みも欠かせない。

そこで「しんゆ」が着手したのが、競合とは一線を画す厳しい基準に基づいた衛生消毒プログラムの導入だった。

具体的には

①「施設の衛生管理」

②「人からの感染防止」

③「衛生管理トレーニング」

という3つの取り組みをルール化。専門家のサポートを受けて練り上げられた

総計30項目にもおよぶこのプログラムは、社員の労働時間を25％増加させた

ものの、衛生・安全面において圧倒的な差別化に成功した。

　また、この取り組みにはテレビの報道番組をはじめとする複数のマスメディア

に取り上げられることとなり、「コロナ禍でも安心な宿」としての「しんゆ」の価値

をより一層高めるものとなった。

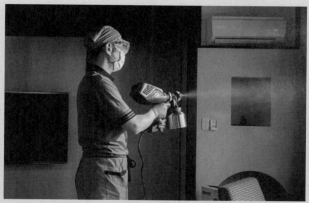

ウイルスを不活化させる次亜塩素酸水を噴霧するなど、
徹底した衛生管理を遂行

■ 人材流出問題に対しては、独自のHR（人材）戦略で対応

　ところで、このような衛生消毒プログラムを徹底するためには当然、それを実行する人材の確保は欠かせない。しかし世はコロナ禍、多くの宿泊施設では人材の流失が続いていた。

　そんな状況においても「しんゆ」は4％という業界水準を大きく下回る低離職率を堅持。この背景にあったのがブランドに基づいた、独自のHR戦略にある。

　その1つに「新入社員が入社前後に感じるミスマッチの解消」が挙げられる。「しんゆ」では、会社説明会の段階から代表の柳澤氏が自ら説明。会社のことを誰よりも知る代表から伝えることで、このミスマッチを解消することに成功した。ここでもブランドの明文化がメリットとなったエピソードがある。地元の人にとっては、諏訪湖の存在は当たり前であるが、「神秘なる諏訪湖に心癒される宿」というブランド・アイデンティティを知ったとき、諏訪湖がある地元に誇りを感じ「しんゆ」に入社を決めた社員がいるという。

"上諏訪温泉しんゆ"のチームブランディング実践後

逆境でこそ光ったブランディングは、今後も経営の支柱に

　一連のコロナ禍を通じて柳澤氏が身を持って感じ取ったのが、「人は不安にさらされたとき、知っているものしか消費しない」というマーケティングのセオリーだった。これは経営の危機において、いかにリピーター（ファン）の存在が大切かということである。苦境においても、ブランドのあり方を維持し続けたことで、顧客層の質を保つことができた。顧客の獲得・維持を可能にするブランディングの重要性を物語っているといえよう。

　事実、ブランドに共感するたくさんのリピーターに支えられた「しんゆ」は、2021年5月の決算において、前年比売上14.7％増（例年比2％増）という、逆境を跳ねのけるかのような業績を達成。

　「世界的な感染症の大流行」という前代未聞の危機を強固なブランディングに立脚した戦略で巧みに立ち向かう「しんゆ」。このストーリーは、人口減少をはじめとする大きな変化が待ち受けているであろうこれからの時代において、ブランディングがますます重要なツールになっていくことを証明している。

Case 3 **B to C リニューアル** 桂川レディースクリニック（滋賀県大津市）

医療機関の
チームブランディング

10年超の継続的な取り組みで
地域医療を支えるブランドクリニックに

働く人の気持ちを1つにするチームブランディング

　滋賀県大津市、琵琶湖畔にある医療法人桂川レディースクリニック（以下、桂川LC）は、2002年に開院。産科と不妊治療を専門とするクリニックである。2022年に創業20年を迎えた今では、高度な医療技術とホスピタリティが評判を呼び、確固たる地位を築いている。しかし、すべてが順風満帆だったわけではない。

　2008年頃、近隣に競合クリニックが増え、今後の医院経営に不安を感じた桂川浩院長は、株式会社オレンジフリー（代表取締役会長　吉田ともこ氏・代表取締役社長　蒲原(かもはら)くみ氏）［両名ともにBM協会トレーナー］にコンサルティングを依頼。増患対策は成功し、患者数は右肩上がりに増えていったが、資格のヒエラルキー、セクション間の壁、部署間連携が難しいという医療機関固有の問題は解決されないままであった。

　これらをいかに解決し、強い組織にしていくのか——。BM協会のグランド・マスタートレーナーとマスタートレーナーでもある吉田氏・蒲原氏は、「チームブ

ランディング」を提案。2011年、ブランディングの手法を使って組織力強化
の取り組みをスタートさせた。

医療現場にブランディングを導入する際の工夫

　桂川LCのブランディングの目的は、「各セクションの垣根を越えて連携し、
優れた医療サービスを生み出し、安全安心な医療を患者に提供すること」。
参加メンバーは、各セクションのチーフ6名（助産師・看護師・不妊症看護認定
看護師・医事課）とゼネラルマネージャーの桂川幸恵氏。

　オレンジフリーがファシリテーションの際に注力したポイントは、「緊張させな
い」「退屈させない」「難しくしない」の3点。マーケティングやブランディングの
解説は専門用語が多く、馴染みのない人は苦手意識を持ちやすい。できるだ
け医療現場で働く人たちが理解しやすい言葉に置き換え、マーケティングのフ
レームワークはゲーム感覚で取り組めるように工夫を凝らした。

　「セグメンテーションやターゲティングなど初めて聞く言葉だったが、こんな方
法で患者様を知ることができるのだと驚いた」「患者様と毎日対面していると、
印象的な人ばかり頭に残るが、属性を客観的に捉え直すことで、思い込みや
偏りが自分の中から消えた」など、メンバーの感想からイキイキと取り組む様子
が伝わってきた。

　また、不妊症看護認定看護師が作ったペルソナは、患者夫婦の微妙な心
の揺れや葛藤を描いており、普段から患者に深く関わり喜怒哀楽を共有して
いないと到底描けないと皆が感心した。

●ブランド・アイデンティティ

産科

> ## 私の家族を迎えるために
> ## 感動のお産ができる病院

不妊治療科

> ## すべてにおいて信頼できる
> ## 不妊治療病院

　ブランド・アイデンティティは、全員が納得いくまでディスカッションして作成した。その後、アイデンティティに基づき、絶対とるべき行動（推奨規定）、ってはいけない行動（禁止規定）をセクションごとに作成。毎朝のミーティングで唱和し、日々意識を高め続けることで、徐々にスタッフたちの働く姿勢に変化が見えはじめた。「感動や信頼はとても大きなテーマだが、今の私たちなら不可能ではない。チーム医療で達成したい」と語ったメンバーたちがリーダーシップを取り、念願の『各セクションの垣根を越えて』を実現していった。

桂川レディースクリニックのスタッフが、
ホンキになった瞬間

　心のこもった院長からの手紙や、全員お揃いのオレンジ色のバインダーなど、チーム感を実感してもらおうと念入りに準備して始めたチームブランディング。回を追うごとに意欲が高まり楽しんで参加していたが、どこか任務という感は拭えなかった。

　そんな流れを一気に変えたのが、総チーフの助産師だった。当直時に、STPマーケティングの判断基準となる直近2年間の患者属性情報を調べ、鉛筆書きの分厚いレポートで提出してくれたのだ。深夜のクリニックで、いつナースコールが鳴るかわからない中、コツコツと助産録を調べて書き連ねていく…そんな姿が全員の目にクッキリと浮かんだ。この瞬間、メンバーを隔てていたプライドの壁が吹き飛び、チームが1つになった。そしてゴールまで一気に、全員で「上り詰めて」いったのである。

■ 新棟開設後に直面した現実

チームブランディングを経て、組織力を高めることに成功した桂川LCは、2014年、不妊治療棟を新たに開設。「マタニティセンター NASCITA」と「不妊治療センター LAGO」という2つの専門棟が有機的に機能するクリニックになった。

「新棟を建てたら、不妊治療の患者様は自然に増えると思っていましたが、そうではないことを知りました」と、桂川院長は当時を振り返る。産科は地域において十分な認知を有していたが、不妊診療においては、認知が十分ではなかったのだ。桂川院長は、不妊診療に注力するため、井上貴至先生を副院長として産科に迎え入れた。井上先生の高い医療技術と優れた人間性によって、産科はさらに盤石となった。

新棟開設後、しばらく自走していた桂川LCだが、再びオレンジフリーがブランド戦略顧問となり、弱点強化に乗り出した。滋賀県下唯一の「日帰り卵管鏡下卵管形成術」や「体外受精における着床前診断」、コロナ禍で立ち会い分娩が困難な中、痛みがほぼ無く、産後の回復も早く、日程調整が可能な「硬膜外麻酔併用計画無痛分娩」など、近隣クリニックでは提供できない高度な治療から、「女性のライフプランや社会的な活躍を医療で支援する」という桂川LCの柱を定めた。

■ ホームページでブランド戦略を可視化

次にホームページのリニューアルを行った。「当時のホームページはポップなデザインで、桂川LCが提供している高い医療技術と合ってなかった」と蒲原氏は言う。クリニックの格にふさわしいデザイン、桂川院長の生殖医療専門医

としての実績や人柄を語るストーリーなどブランド価値を表現するコンテンツを整えた。今後は妊活や不妊治療がごく一般的になると考え、「妊活はじめてガイド」などの読み物も充実させた。また、「滋賀県で日帰り卵管鏡下卵管形成術ができるのは桂川LCだけ」という医療の強みや、「計画無痛分娩」について患者視点からわかりやすく説明。スタッフの顔が見える安心感、信頼感も表現し、桂川LCという医療ブランドの可視化を図った。

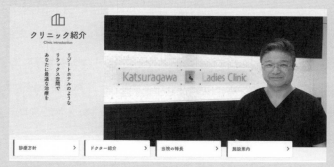

リニューアル後のホームページ。
不妊治療の権威として、桂川院長の功績を伝えている

■ 自走型SNSブランディングの仕組みづくり

　以前より桂川LCでは、Instagramで産科、不妊治療（妊活）科の投稿を行っていた。しかし、「何を上げればいいかわからない」「順番がまわってくるのがストレス」というスタッフも多かった。そこで根本から見直そうと企画会議が始まった。「私の仕事はSNSの世界で桂川LCのブランド力を際立たせること、そして自走

型のチームを作ること。そのための土台作りに注力しました」と蒲原氏は言う。投稿テーマを決め、担当者やスケジュール、原稿の提出からチェックなどを仕組み化した。無理なく楽しくできるようになると、「SNSなんて業務外」という空気感が薄れてきて、スタッフから企画案が上がるようになった。産科チームでは、計画無痛分娩、院内レストランのメニュー、パパの学校などを、妊活チームでは、わかりやすい妊活情報を発信しており、フォロワーも着実に増えている。

　また、月例インスタライブも開催。コロナ禍で誰にも相談できず妊活や出産について不安を感じている方に向けて、少しでも安心してもらえるようにとスタートした。視聴者から寄せられる質問に、産婦人科専門医、不妊症看護認定看護師、助産師などの専門家が温かく回答をし、時には患者が無痛分娩の実体験を語る座談会を開催するなど、ユニークな情報発信をしている。実際に視聴すると、患者がイキイキと楽しそうに語る様子からすっかり桂川LCのファンになっていることが見てとれる。このような患者参加型SNSが実現できた土台には、2011年から積み上げてきたチームブランディングがあることは言うまでもない。

産科チームのインスタライブの様子。左から中村助産師、桂川院長、司会進行の蒲原氏。

この先の未来も、
地域医療を担うブランドとして

　20周年を迎えた桂川LCには夢がある。それは、50周年、100周年と続く医療ブランドになること。時を経て世代交代しても、「私の家族を迎えるために感動のお産ができる病院」であり、「すべてにおいて信頼できる不妊治療病院」として、地域医療を支えたいということだ。そのためには、医療技術のさらなる向上はもちろん、変化していく社会や患者の価値観に寄り添いながら、常に進化していきたいと考えている。

　「桂川LCには『命をつなぐ』という大きな使命があります。1クリニックの狭い視野にとどまらず視座を高めて、日本と地域社会が抱える課題に向き合い、産科・不妊治療科を通して貢献し続けたいと思っています」と桂川院長は語り、「地域医療のブランドとなるには、継続的なスタッフ教育が欠かせません。桂川という医療ブランドの在り方について、丁寧に教えています」と桂川マネージャーは、教育の重要性を説く。

　まだまだ事例の少ない医療機関のブランディングにおいて、このような長期にわたる取り組みは希少であり、ブランディングの専門家を活用して成長している好事例だと言える。

琵琶湖畔にたたずむ桂川レディースクリニック。
今日もたくさんの患者でにぎわう

【参考文献、資料】

『戦略的ブランド・マネジメント』ケビン・レーン・ケラー著／東急エージェンシー

『ケラーの戦略的ブランディング―戦略的ブランド・マネジメント増補版』ケビン・レーン・ケラー著／東急エージェンシー

『ブランド・エクイティ戦略―競争優位をつくりだす名前、シンボル、スローガン』デービッド・A・アーカー著／ダイヤモンド社

『ブランド・リーダーシップ――「見えない企業資産」の構築』デービッド・A・アーカー著／ダイヤモンド社

『ブランド論――無形の差別化をつくる20の基本原則』デービッド・A・アーカー著／ダイヤモンド社

『コトラーのマーケティング・マネジメント 基本編』フィリップ・コトラー著／ピアソン・エデュケーション

『コトラー&ケラーのマーケティング・マネジメント』フィリップ・コトラー、ケビン・レーン・ケラー著／丸善出版

『ブランド戦略論』田中洋 著／有斐閣

『企業を高めるブランド戦略』田中洋 著／講談社

『大逆転のブランディング どん底から成長した13社に学ぶ』田中洋 著／講談社

『1ワード3分でわかる！ 基本から最新まで マーケティングキーワードベスト50』田中洋 著／ユーキャン

『ブランド戦略全書』田中洋 編／有斐閣

『図解 ブランドマネジメント』榛沢明浩 著／東洋経済新報社

『つまりこういうことだ！ ブランドの授業』阪本啓一 著／日本経済新聞出版

『ある女性広告人の告白』小池玲子 著／日経広告研究所

『事例でわかる！ ブランド戦略【実践】講座』水野与志朗 著／日本実業出版社

『企業ブランド・マネジメント戦略-CEO・企業・製品間のブランド価値創造のリンケージ』徐 誠敏 著／創成社

『実践ロジカル・ブランディング―曖昧な情緒論から硬質の経営論へ』菊池隆 著／日本評論社

『担当になったら知っておきたい「販売促進」実践講座』岩本俊幸 著／日本実業出版社

『確実に販売につなげる 驚きのレスポンス広告作成術』岩本俊幸 著／同文舘出版

一般財団法人ブランド・マネージャー認定協会
ベーシックコースおよびアドバンスコース テキストブック

【謝　辞】

※事例掲載にあたり下記の組織よりご協力をいただきました。この場を借りてお礼申し上げます。

　株式会社タイチ 徳弘社長およびスタッフの皆様

　株式会社チャイルドケア24 梶尾社長およびスタッフの皆様

　本巣市役所 職員の皆様

　株式会社近鉄ロジスティクス・システムズ 役員およびスタッフの皆様

　株式会社イエステージ・グループ 和田社長およびスタッフの皆様

　株式会社りんごの木　島田社長およびスタッフの皆様

　上諏訪温泉 しんゆ　柳澤社長およびスタッフの皆様

　桂川レディースクリニック　桂川院長およびスタッフの皆様

【 執筆・編集 協力者 】

岩本 俊幸（いわもと としゆき）

（株）イズアソシエイツ 代表取締役。（一財）ブランド・マネージャー認定協会 代表理事。自身の会社では、プライバシーマークのロゴデザイン開発など初期のブランド構築を手がけた実績を持つ。共著に『ブランド戦略ケースブック2.0』（同文舘出版）、監修書に『儲かる中小企業になる ブランディングの教科書』（日本実業出版社）などがある。

徐 誠敏（そ そんみん）

名古屋経済大学 経営学部准教授。（一財）ブランド・マネージャー認定協会 アドバイザー。専門は、マーケティング論、企業ブランド・マネジメント論。単著に『企業ブランド・マネジメント戦略：CEO・企業・製品間のブランド価値創造のリンケージ』（創成社）。共著に『ブランド戦略全書』（有斐閣）『ブランド弱者の戦略』（ミネルヴァ書房）などがある。

寺嶋 直史（てらじま なおし）

（株）レヴィング・パートナー 代表取締役。（一財）ブランド・マネージャー認定協会 1級資格取得。ブランド・事業再生コンサルタント。中小企業診断士。著書に『再生コンサルティングの質を高める 事業デューデリジェンスの実務入門』（中央経済社）。『儲かる中小企業になる ブランディングの教科書』（日本実業出版社）などがある。

扇野 睦巳（おおぎの むつみ）

（株）ファーストデコ 代表取締役。（一財）ブランド・マネージャー認定協会 シニアトレーナー。（一社）やさしい革事務局所属。IPU環太平洋大学 非常勤講師。パーパスから紐解く社会課題解決型ブランド構築を得意とする。2017年度ブランディング事例コンテスト大賞＆中小企業特別賞受賞。現在は国内外で産学官連携のブランディングに取り組んでいる。

吉田 ともこ（よしだ ともこ）

（株）オレンジフリー 代表取締役会長。（一財）ブランド・マネージャー認定協会 アドバイザー ／ グランドマスタートレーナー。社会課題解決と企業利益を両立させるSDGsブランディングで2019年度ブランディング事例コンテスト大賞、中小企業庁長官賞受賞。多数の成功事例で国際コンサルタント資格J-MCMC取得。神戸女学院大学 非常勤講師（ブランド論）。

平野 朋子（ひらの ともこ）

Brand. Communication. Design. クリエイティブディレクター。チームブランディング®ファシリテーター。（一財）ブランド・マネージャー認定協会 エキスパートトレーナー。本巣市ブランドアンバサダー会議 ブランド・マネージャー。8ステップのフレームをベースに、自治体をはじめさまざまな業種業態の企業へブランディングを支援している。

武川 憲（たけかわ けん）

　（株）イズアソシエイツ シニアコンサルタント。（一財）ブランド・マネージャー認定協会 本部コンサルタント兼エキスパートトレーナー。経営士とMBAの資格を持ち、業種業態を問わずブランドを軸に経営やマーケティング戦略、人材や組織変革のコンサルティングに従事。諸官公庁では「ブランド専門家」として認定され国策と連携。大学では実務家教員として教壇に立つ。

渡部 直樹（わたなべ なおき）

　エイドデザイン 代表。中小企業の社外ブランド・マネージャー。（一財）ブランド・マネージャー認定協会 トレーナー。SDGsを組み込んだ独自のブランディング・メソッドで、周りから応援されるブランド構築を得意とする。また、構築したブランドを短期間で浸透させるクリエイティブを含めた全方位的なブランディングサポートも行っている。

島田 良（しまだ りょう）

　（株）りんごの木 代表取締役。（一財）ブランド・マネージャー認定協会 理事／グランドマスタートレーナー。強みを活かした従業員参画型のブランドづくり「チームブランディング」で、さまざまな成果を上げる。講師、コーチとしても、ブランド人材の育成や地方都市におけるブランド戦略の浸透と活用に尽力している。米国Gallup社認定ストレングスコーチ。

榎本 真弓（えのもと まゆみ）

　（株）イズアソシエイツ ブランドコンサルタント。（一財）ブランド・マネージャー認定協会トレーナー。日本マーケティング学会会員。「人と地球に本当によい商品・サービスの創造を支援する」をモットーにマーケティング職に従事。実績にオーガニック化粧品、投資信託会社、温泉旅館など。社会課題解決につながるブランド構築を得意とする。

蒲原 くみ（かもはら くみ）

　（株）オレンジフリー 代表取締役社長。（一財）ブランド・マネージャー認定協会マスタートレーナー。ブランド戦略策定、WEB、グラフィック、運用まで一気通貫で結果を出す。2015年度、2019年度ブランディング事例コンテスト大賞、中小企業庁長官賞受賞。豊中市、さぬき市ブランディング支援。神戸女学院大学 非常勤講師（パーソナルブランディング）。

【アートディレクション】

　（株）イズアソシエイツ　吉野 博

【 著者 】

一般財団法人ブランド・マネージャー認定協会

現場で使用できるブランド戦略の標準化作業を行い、日本で唯一のブランド・マネージャー、ブランド構築のプロフェッショナルを養成する専門機関として2008年9月に発足。ブランド・マネージメントの標準化を目的とし、多くの識者や実務者の協力を得て、教育、啓蒙活動を実施している。講座には、延べ3,000名を超える受講者を持つ（2022年4月現在）。

オフィシャルサイト　https://www.brand-mgr.org/

新版　社員をホンキにさせるブランド構築法

2022年8月4日　初版発行

著　者　一般財団法人ブランド・マネージャー認定協会

発行者　中島　治久

発行所　同文舘出版株式会社
　　　　東京都千代田区神田神保町1-41　〒101-0051
　　　　電話　営業03（3294）1801　編集03（3294）1802
　　　　振替00100-8-42935

ＷＥＢ　http://www.dobunkan.co.jp

©Association for the Certification of Brand Managers Japan
ISBN978-4-495-52042-7
印刷／製本：三美印刷　Printed in Japan 2022